일제침탈사 13
바로알기

일제의 조선어업 침탈사

김예슬 지음

동북아역사재단
NORTHEAST ASIAN HISTORY FOUNDATION

발간사

일본제국주의의 식민 침탈에서 벗어난 지 75년이 되었지만, 그 역사가 아직도 한일 관계에서 큰 걸림돌로 작용하고 있습니다. 21세기에 들어 일본 정부의 독도 영유권 주장은 점차 도를 더해가고 있으며, 최근에는 일제의 강제동원 문제와 한국 대법원 판결, 일본군'위안부' 문제 해결 방안 등으로 갈등이 불거졌습니다. 급기야 그 불이 무역 분쟁, 안보 문제까지 옮겨 붙었습니다.

한일 간의 역사 문제는 우선 '식민 지배'라는 역사를 어떻게 볼 것인가 하는 역사인식에서 기인합니다. 우리는 언제나 오늘날의 입장에서 과거의 역사를 바라보고, 다시 미래로 나아갑니다. 과거 침략의 역사를 미화하면서 평화로운 미래를 얘기하는 것은 불가능합니다. 식민 지배로 인한 잘못을 인정하고 반성하지 않으면 다시 전쟁이 일어날 위험성이 있고, 인권을 존중하지 않는 군국주의 부활을 획책할 수도 있습니다. 따라서 역사를 보는 미래지향적 인식이 필요하고, 이를 한일 양국이 공유해야 할 것입니다.

다음, 지금의 한일 역사 문제는 '과거'의 '사실'이 명확하게 규명되지 않은 것에서 연유한 점이 있습니다. 해방된 이후, 일제강점기에 대한 개인적인 연구는 다수 이루어졌으나, 학계나 정부 차원에서 식민 지배의 실상을 체계적으로 연구 정리하고, 관계되는 자료집을 모아 정리하지 못하였습니다. 지금까지 항일, 독립운동사에 대한 연구와 자료집은 많이 출간되었지만, 일제의 통치 자체를 정리하지 못한 것입니다.

또한 일제의 식민 침탈의 실상을 국민에게 알리고 교육하는 것도 체계적이지 않았습니다. 초등학교에서 고등학교에 이르는 학교의 역사교육은 나름대로 성과가 있었지만, 일반 시민교육에는 사실 무관심하였습니다. 그러자 최근에는 일제의 한반도 강점과 식민 지배로 인한 피해를 부정하는 인식 아래 일제강점기에 한반도가 근대화되었고, 수탈이나 강제동원은 꾸며진 이야기라고 주장하는 책이 시중에 나오기도 했습니다. 역사인식이 명확하지 않았던 일부 국민들이 여기에 호기심을 가졌고, 또한 이를 넘어 찬동하는 사태도 일어났습니다. 이런 책에서 부정한 것은 일제 침탈의 역사뿐만 아니라 항일 독립운동의 역사, 나아가 우리 민족사 전체입니다.

우리 학계는 일찍부터 일제 침탈의 역사를 체계적·객관적으로 정리해야 한다는 점을 잘 알고 있었지만, 차일피일 미루다가 너무 많은 시간이 흘렀습니다. 이에, 더 늦기 전에 우리 재단이 중심이 되어 한국 학계의 힘을 모아 일제침탈사 연구를 집대성하고, 관련된 자료를 수집하여 체계적으로 정리하고, 일제 침탈 실상을 바로 알리기 위한 국민 대상의 교양서 발간을 기획하게 되었습니다. 2020년부터 사업을 시작하였고, 앞으로 몇 년에 걸쳐 이를 수행할 예정입니다. 일제침탈사 편찬사업은 크게 세 부분으로 나누어 (1)일제 침탈의 전모를 학문적으로 정리한 연구총서(50권),

(2)문호개방 이후 일제강점기에 이르는 기간의 일제침탈 자료총서(100여 권), 그리고 (3)일반 국민이 일체 침탈을 올바르게 알 수 있는 주제를 쉽게 풀어쓴 교양총서(70여 권)로 구성하고자 합니다.

그동안 일제의 침탈상을 밝히려는 연구가 없었던 것은 아닙니다. 관련 자료집도 여러 방면에서 편찬된 바 있습니다. 그러나 모든 분야를 망라하여 학계의 연구 성과를 종합하고 관련 자료를 편찬하는 일은 이번이 처음입니다. 무엇보다 일반 시민들이 과거 제국주의 시대 우리가 겪었던 침략과 수탈의 역사를 또렷하게 직시할 수 있게 하는 종합 자료집은 드물었습니다. 따라서 정치 · 경제 · 사회 · 문화 등 모든 방면에 걸쳐 침탈의 역사를 알기 쉽게 기록하고 그에 대응한 자료를 모아 번역함으로써 시민들에게 일제 식민 지배의 실체와 침탈의 실상을 전하고자 합니다.

『일제의 조선 어업 침탈사』는 일제침탈사 바로 알기 시리즈 중 하나로 발간되었습니다. 익히 아시겠지만, 삼면이 바다로 둘러싸인 한반도의 지정학적 · 자연적 조건은 세계로 뻗어 나가는 길이자 풍부한 수산자원 제공처이기도 했지만, 때로 외세 침략의 길이자 수탈 대상이 되기도 하였습니다. 특히, 일제는 조선과 합법적인 통어(通漁) 조약 체결 이전부터 자행된 일본 어민의 조선해 밀어(密漁)을 묵인하였을 뿐만 아니라 『조일통상장정』 체결 이후에는 양국 간의 조약을 빌미로 일본인의 조선해 진출을 부추겼습니다. 이러한 일제의 조선해 침탈 과정과 겉으로 합법화를 표방하면서 그 속에 존재한 불공정한 상황을 살펴보았습니다. 나아가 우오시마촌, 에히메촌, 오카야마촌과 같은 일본인 이주어촌 건설과 수산자원 수탈을 위해 설치된 각종 시설 등에 관해 서술했습니다. 문헌 자료를 바탕으로 주제별 이야기를 작성하였지만, 지역별 일본인 이주어촌 실태를 비롯한 일제의 어업 침탈에 관한 기왕의 연구가 축적되지 않았다면 완성할 수 없었을 것입니다. 그동안 우리나라 어업사를 연구해 오신 연구자분들께 감사 인사를 전합니다. 이 책이 우리의 바다와 삶의 공간을 지키기 위해 고군분투했던 조선인의 모습을 되새기는 계기가 되길 바랍니다.

2021년 3월

동북아역사재단 이사장

목차

1

조선의 어장과 일본인의 '밀어(密漁)'

조선은 왜구에 대해 강경책과 회유책을 함께 시행하였다. 먼저 강경책으로 1396년(태조 5) 왜구의 소굴인 이키(一岐)와 대마도를, 1419년(세종 원년) 대마도를 각각 토벌하면서 바다의 방비를 더욱 공고히 하였다. 다음 회유책으로 1426년(세종 8) 삼포(三浦, 부산포, 염포, 내이포)를 개방하여 합법적인 무역을 유도하였다. 이에 따라 왜인들은 활동이 끝나면 일본으로 돌아간다는 원칙 아래 삼포에서 무역과 어로(漁撈)를 시행하였다.

> 예조가 아뢰기를, 삼포의 왜인(倭人)이 고기를 잡거나 해초를 채취하는 한계는 선왕조부터 약조가 정해져서 벌써 오래되었습니다. 지금 부산포의 왜가 세력이 매우 성해져서 바다 어귀 안에 있는 공사(公社)의 어채(漁採)하는 곳을 마음대로 많이 빼앗아 출입하고, 관이나 민간에서 채취한 해물을 강탈하기도 합니다. 그들이 마음대로 교만 횡포하는 것이 여기까지 이르렀

으니 그 조짐을 기를 수는 없습니다. 변장에게 전의 약조를 거듭 밝혀서 거류하는 왜인들을 널리 효유하게 하소서. _『연산군일기』 권21, 3년 1월 26일

날이 갈수록 왜인들의 세력이 늘어나고 횡포가 심해지는 문제가 발생하였다. 이에 조선 조정은 이들에 대한 단속을 더욱 강화해 나갔다. 때마침 부산포 첨사 이우증(李友曾)이 법을 어긴 왜인을 매로 때리는 사건이 발생하였다. 조정의 방침에 불만을 품고 있던 왜인들은 이 사건을 빌미로 대마도 도주의 지원을 받아 1510년(중종 5) 난을 일으켰다. 이것이 '삼포왜란'이다. 이후 조선은 일본과의 무역을 중단하였는데, 이로 인해 물자가 궁핍해진 대마도 도주가 삼포왜란 주동자를 처형해 그 목을 바치고 조선인 포로를 돌려보내며 무역 재개를 요청하였다. 이에 조선은 삼포 거주를 금지하고, 제포(薺浦)만 개항하도록 하는 등 이전보다 왜인의 출입을 엄격히 제한하며 통교를 허용하였다.

조선과 일본의 외교 관계는 임진왜란 발발로 다시 단절되었으나, 도쿠가와(德川) 막부에서 대마도 도주를 통하여 수호(修好)를 요청하면서 1609년(광해군 1) 6월 양국 사이에 기유약조가 체결되었다. 약조의 주요 내용은 '대마도에 대한 교역량 제한, 대마도를 통한 간접 통교 확립, 부산포로 왜관 한정' 등이었다. 1611년(광해군 3) 9월 대마도로부터 세견선이 파견되면서 양국의 교역이 본격적으로 재개되었다. 다만, 전과 다르지 않게 왜인들의 횡포가 계속되자, 조선 조정에서는 그해 11월 세견선의 체류기한을 80일로 제한하며 조선해(朝鮮海) 방비를 강화하였다. 이후, 양국에서 세견선을 통한 무역 외에 해방(海防) 정책을 표방하였고, 그 결과 왜구의 침투는 점차 수그러들었다.

〈자료 1〉 삼포왜란이란?

삼포는 부산포, 내이포, 염포를 지칭하는 명칭이다. 위치적으로 부산포는 부산진, 내이포는 웅천(熊川, 현 진해), 염포는 울산에 해당한다. 내이포는 제포(薺浦)라고 부르기도 하였다. 조선 조정은 삼포의 개항장에 왜관을 설치해 교역과 접대의 장소로 활용했다. 그리고 상업, 무역 등의 목적으로 잠시 삼포에 들어왔던 인원들을 제외하고 60호까지만 거류할 수 있도록 하였다. 하지만 왜관에 방문하는 일본인의 숫자와 무역 횟수 등이 점차 증가하면서 장기 체류 내지는 정착하는 사람들이 늘어났다.

초량왜관의 전경(국립중앙박물관)

이에 통제를 강화하려는 조선 관원들과 벗어나려는 삼포 거주 왜인들 사이에서 충돌이 빈번하게 발생하였다. 결국 왜인에 대한 조선 관원의 통교 및 접대 방식에 불만을 품은 일본인들은 1510년(중종 5) 부산포와 제포 등을 공격하며 난을 일으켰다. 이 사건이 바로 삼포왜란이다. 이로 인하여 해당 지역의 왜관은 폐쇄되었다.

이후 1544년 부산포에만 왜관이 설치되었고, 몇 차례 장소가 옮겨지다가 1678년 초량(현 부산 용두산공원 부근)에 신축되어 교역업무를 담당하였다. 위에 제시한 〈초량왜관의 전경〉은 1783년(정조 7)에 변박(卞璞)이 그린 것이다.

_ 두산백과, 우리역사넷

1868년에 들어선 메이지(明治) 정부가 조선과 별다른 교섭 없이 조선해로의 입어(入漁)를 허용·장려함에 따라 일본인들이 다시 조선 바다에 출몰하기 시작하였다. 당시 일본은 1854년 3월 미일화친조약을 체결하여 구미 제국과 무역을 시작하면서 세계시장에 발을 디뎠고, 서구에서 각종 기술을 도입하며 발전을 도모하는 상황이었다. 이러한 기술 중에는 어선, 어구 역시 포함되었고, 이 같은 어업의 발전은 일본 연안 수산자원을 급속히 고갈시켰다. 새로운 어장 개척이 시급한 일본은 삼면이 바다로 둘러싸여 어장이 풍부한 '조선의 바다'로 눈을 돌렸다.

조선과 일본의 국교는 강화도조약(1876. 2. 27, 정식 명칭 조일수호조규)이 체결되면서 회복되었다. 그러나 동 조약에 일본인의 조선해 어업 활동에 관한 내용은 없었다. 따라서 일본인의 조선 연해로의 출어(出漁)는 분명한 '밀어(密漁)'였다.

> 여기서 말하는 통어(通漁)라는 것은 우리나라 어민이 메이지 초년 이후 약 반세기에 걸쳐 조선 연안에 계절적으로 출어한 출가어업(出稼漁業)을 말한다. 메이지 초년의 통어 사정은 자세하지 않지만, 필자가 보고들은 범위에서는 메이지 3년(1870) 오이타현(大分縣) 사가관(佐賀關)의 중가태랑길(中家太郎吉) 등이 어업 목적으로 고토(伍島)·쓰시마(對島)를 경유하여 제주도 근해에 출어한 것이 가장 오래된 것이다. _ 吉田敬市, 1954, 『朝鮮水産開發史』, 朝水會

그럼에도 일본 측 자료에는 메이지 초기부터 조선 연해에서 활동한 일본인의 어업 활동을 '통어' 또는 '출가어업'으로 기록하고 있다.

2

일제의 조선해 침탈 정책 1단계: '합법화'

일본이 제국주의 성격을 띠며 근대 어업을 통해 조선해를 침투한 시기는 개항 이후부터였다. 일제의 조선해 침투는 정책 특징에 따라 3단계로 구분할 수 있다. 1단계는 1876년 개항부터 1894년 청일전쟁 발발 이전까지 시기로, 일본 어민을 포함한 외국 어민의 조선해 출어가 '합법화'되는 단계이다. 2단계는 청일전쟁 이후부터 1904년 러일전쟁 이전까지의 시기로, 청일전쟁에서 승리한 일본이 조선에 대한 정치적 권한을 강화하면서, 어업 부분에서는 일본 어민들의 조선해 통어를 적극 '장려'하는 단계이다. 마지막 3단계는 러일전쟁 이후부터 1910년 한일병합(韓日併合)까지 시기로 1908년 한일어업협정서(韓日漁業協定書)와 어업법(漁業法) 체결 및 공포를 통해 일본이 조선 바다에 관한 모든 권한을 '독점'하는 단계이다.

조선에서 처음으로 외국인에게 어업권을 부여한 것은 1882년 8월 조청상민수륙무역장정을 체결하면서였다.

> 조선의 평안도·황해도와 중국의 산동·봉천 등 성(省)의 연해 지방에서는 양국의 어선들이 내왕하면서 고기를 잡을 수 있고, 아울러 해안에 올라가 음식물과 식수를 살 수 있으나, 사적으로 화물을 무역할 수 없다. 위반하는 자는 배와 화물을 관에서 몰수한다. 소재 지방에서 법을 범하는 등의 일이 있을 경우에는 곧 해당 지방관이 체포하여 가까운 곳의 상무 위원에게 넘겨 제2조에 준하여 처벌한다. _『고종실록』 권19, 19년 10월 17일

이후 일본은 청과 마찬가지로 조선해 통어를 법적으로 보장해줄 것을 요구하였다. 당시 조선 정부 역시 조일무역규칙(1876. 8. 24, 정식 명칭 통상장정)의 불평등한 무관세 조항을 정정하여 관세자주권을 회복하기 위해 새로운 통상장정 체결을 모색하고 있었다. 1883년 7월, 마침내 양국의 교섭에 따라 전문 42조로 구성된 재조선일본인민통상장정(약칭 조일통상장정)이 체결되었다. 동 장정의 체결로 조선은 관세권을 회복하여 무질서한 일본의 무역 활동을 제도적으로 규제할 수 있었다. 다만, 제41관에 의해 양국 간 최초의 어업 규정이 조인되어 조선해에서 일본인의 어업 활동을 법적으로 허용하게 되었다.

> 제41관 일본국 어선은 조선국의 전라도, 경상도, 강원도, 함경도 네 도의 연해에서, 조선국 어선은 일본국의 히젠, 치쿠젠, 이시미, 나가도【조선해에 면한 곳】, 이즈모, 쓰시마의 연해에 오가면서 고기를 잡는 것을 허가한다. 단, 사사로이 화물을 무역할 수 없으며, 위반한 자에 대해서는 그 화물을 몰수한다. 그러나 잡은 물고기를 사고 팔 경우에는 이 규정에 구애되지 않는다. 피차 납

부해야 할 어세(魚稅)와 기타 세목은 2년 동안 시행한 뒤 그 정황을 조사하여 다시 협의하여 결정한다. _『고종실록』 권20, 20년 6월 22일

이제 일본인은 동 조항에 근거하여 조선의 전라도, 경상도, 강원도, 함경도 4도 연해로의 출어, 어로 활동을 법적으로 보장받았다. 또한, 이 일대에서 어획한 어물(魚物)을 판매하는 것도 가능하였다. 조선인 역시 일본 연해로의 출어가 인정되었으나, 조선 어민의 어획 기술과 소형 어선으로는 외해(外海)까지 출어할 여건이 되지 않았다. 따라서 조일통상장정은 조선 연해에서 일본인의 통어만이 법적으로 인정된 것에 불과하였다.

1883년 7월 25일, 조선 정부는 일본 정부와 조일통상장정 외에 전문 6조의 일본인어채범죄조규도 체결하였다.

제2조 조선국 관리가 법금(法禁)을 위반한 일본국 사람을 체포하였을 때에는 그 범죄 증거를 상세히 기록하여 그 일본인과 함께 부근 항구의 일본 영사관에게 넘겨 처리할 것을 요구한다. 일본 영사관은 속히 심사하여 법률에 따라 처리한다. 단, 조선국 관리는 체포 혹은 호송할 때에 모욕하거나 학대할 수 없다.

_『고종실록』 권20, 20년 6월 22일

일본 정부는 동 조약을 통해 조선해에서 범죄를 저지른 일본인에 대해 조선 관료가 직접적으로 처벌할 수 없게 만들었다. 즉, 일본인어채범죄조규는 조선 연해에서 범법행위를 한 일본 어민들을 조선의 법으로부터 보호하는 데 목적이 있었다.

〈자료 2〉 조선 정부가 일본에게 제기한 문제의 「조일무역규칙」 무관세 조항

제7칙 항세(港稅)

연외장(連桅檣) 상선 및 증기(蒸氣) 상선의 세금은 5원(圓)이다.【모선에 부속된 각정(脚艇)은 제외한다.】

단외장(單桅檣) 상선의 세금은 2원이다.【500석(石) 이상의 화물을 실을 수 있는 것이다.】

단외장 상선의 세금은 1원 50전(錢)이다.【500석 이하의 화물을 실을 수 있는 것이다.】

일본국 정부에 소속된 모든 선박은 항세를 납부하지 않는다.

_『고종실록』 권13, 13년 7월 6일

〈자료 3〉 일본인 잠수기어업의 조선해 진출

요시다 게이치(吉田敬市)는 『조선수산개발사(朝鮮水産開發史)』에서 조선해에 잠수기어업으로 처음 출어한 자는 야마구치현 출신 요시무라 요사부로(吉村與三郎)라고 기술하였다. 요시무라는 메이지 초년부터 조선의 소안도(所安島), 추자도(楸子島) 부근에서 상어잡이에 종사하면서 어획물을 거래하기 위해 나가사키(長崎)를 왕복하였다. 그러면서 그는 나가사키의 발달된 잠수기어업을 접하였고, 이후 잠수기 한 대를 구매하여 제주도 부근에 개업하였다. 이때는 1879년 4월로 양국 간의 통어가 합법적으로 허용되는 「조일통상장정」(1883. 7)이 체결되기 전이었다. 그럼에도 요시다는 이 책에서 일본의 각종 어법이 조선해에 전개되면서, 조선 고래(古來)의 어법(漁法)도 급속히 일본식 어법으로 전환되었다는 것만 강조하였다.

_吉田敬市, 1954, 『朝鮮水産開發史』, 朝水會, 180, 207쪽

〈표 1〉 조일통어장정 제2조에 근거한 어업세

인원 수	납부 금액
승무원 10명 이상	일본 은화 10원(圓)
승무원 5명 이상 9명 이하	일본 은화 5원
승무원 4명 이하	일본 은화 3원

國會圖書館 立法調査局, 1964, 『舊韓末條約 彙纂(中)』, 58~61쪽

한편, 어업세(漁業稅)에 관한 것은 2년 뒤 어업 상황에 따라 정하기로 하였다. 그런데 일본이 계속해서 어업세에 관한 교섭을 연기하는 바람에 1889년 11월이 되어서야 전문 12조로 구성된 조선일본양국통어장정(약칭 조일통어장정)이 맺어졌다. 이후 조선은 동 장정 제2조에 근거하여 조선해에 통어하는 일본인으로부터 어업세를 거둘 수 있는 권한을 가지게 되었다(표 1).

어업세는 1년 기한으로 하였고, 어선 한 척에 탑승한 선원 수를 기준으로 최저 3원에서 최고 10원까지 거둘 수 있었다. 다만, 당시 일본 잠수기선(潛水器船) 1척당 1개월간 경비를 제외한 실수입은 340~350원이 보통이었기 때문에 일본 어민과 어선이 조선 정부에 납부하는 어업세는 매우 미비한 수준이었다.

3

제주도민의 '어업권 수호 운동'

조선과 일본 양국 간에 체결된 조일통상장정으로 인해 일본인은 조선해에서 합법적으로 어업 활동을 할 수 있었다. 이에 따라 일본인의 조선해 출어는 날로 늘어났다. 특히, 해양자원이 풍부한 제주도에 일본 어민들의 진출이 활발히 이루어지면서 조선인과 일본인 사이에 분쟁이 발생하였다.

제주도는 자연 여건상 농토가 부족했기 때문에 농업만으로 생업을 유지하기 힘든 곳이었다. 그래서 제주도민들은 어업을 중심으로 생활하였는데, 특히 해녀들이 특별한 장비 없이 직접 잠수하여 채취한 패류, 해조류 등으로 생계를 이끌어나갔다. 제주도 해녀에 관해 요시다 게이치는 "어려서부터 박으로 만든 부표 하나에 의지하여 여러 길이나 되는 바다로 잠수해 작업한 일은 불가사의하다고 하지 않을 수 없다. 오래전 해녀는 팬티(猿股) 하나만 입고 잠수작업을 했다고 하는데, 지금은 해녀복(海

조선시대 제주도 해녀
(문화콘텐츠닷컴)

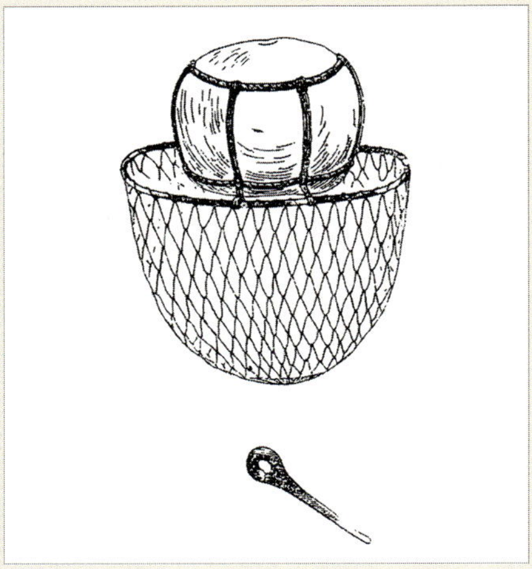

해녀의 잠수용구(요시다 게이치, 박호원 · 김수희 역, 2019, 『조선수산개발사』, 민속원, 229쪽)

水着)을 착용한다. 내가 면담한 68세의 해녀는 채집한 십여 관(貫)의 미역을 화톳불로 태워 몸을 녹이고 있었다. 해녀들은 신체가 강건하여 대부분 폐병 등이 없었다고 한다"라며 작업 방법과 신체 능력에 대해 기록하였다.

일본인들은 합법적인 조약 체결 이전부터 제주도로 밀어하였으며, 조일통상장정과 일본인어채범죄조규가 체결된 이후에는 더욱 거리낌 없이 제주어장으로 들어갔다. 이들은 근대적 어로 채취 기계인 잠수기(潛水器)를 사용하여 어린 전복까지 무분별하게 채취하였는데, 그 바람에 전복어장이 황폐해진 것은 물론이고 전통적인 도구를 사용하던 해녀들이 일본인의 잠수기어업을 대적할 수도 없었다. 게다가 일본 어민들이 나체로 활동하자 유교적 사회풍습에 익숙한 제주도 해녀들이 오히려 이들을 피해 어장을 버리고 떠나는 일까지 발생하였다.

제주도민들은 제주도 바다에서 이루어지는 일본인들의 어업 활동으로 인해 생계가 어려워졌다. 이에 서울로 상경하여 일본인의 잠수기어업을 금지해 줄 것을 탄원하였다. 조선 정부도 일본인의 통어구역에서 제주도를 제외하기 위해 조일통상장정 체결 다음 해인 1884년 일본과 다시 교섭을 시작하였다. 그러나 일본 정부는 제주도를 통어구역에서 완전히 제외하지 않고, 일시적으로 일본인의 출어를 제한하겠다고 통고하였다.

조선 정부는 조일통상장정에서 합의하지 못한 어업세와 기타 사안, 무엇보다 일본인의 제주도 통어 금지를 위해 1886년부터 일본과 교섭을 재개하였다. 이때 일본 정부는 오히려 일본 어민의 제주도 통어 허용을 강력히 요구하였다. 양국의 교섭이 진행되는 동안에도 일본 어민들은 제주도에서 어업활동을 지속하였고, 이를 저지하던 제주도민과의 사이에서 무력 마찰이 일어났다. 결국, 1887년 8월 모슬포에서는 조선인 이만송(李晩松)이 일본 어민에게 살해당하는 사건까지 발생하였다. 이러한 정황을 근거로 조선 정부는 제주도민의 저항이 격렬하다는 사실을 들며 제주도를 통어구역에서 제외할 것을 일본 정부에 강력히 요구하였으나, 1년간 일본인의 제주도 통어를 잠정적으로 금지한다는 조건으로 1889년 11월 조일통어장정을 조인하였다.

제주도민의 '어업권 수호 운동'은 제주도를 통어 구역에서 제외할 수는 없었지만, 일시적으로나마 일본인들의 통어를 금지 또는 연기할 수 있는 저력을 보여주었다.

4

일본인 어획물 판매로, '어시장' 형성

조선과 일본 사이의 통어가 법적으로 허용되면서 조선 연해에서의 일본인 어업활동이 날로 늘어남에 따라 어획량 역시 증가하였다. 이에 일부 일본인들은 어획물을 판매 · 처리하기 위해 어시장(魚市場)을 설립하였다. 일본인이 조선에서 경영한 어시장의 효시는 1889년 5월에 창립된 부산수산회사 어시장이다. 다른 여타 지역보다 어시장이 부산에 먼저 출현했던 것은 일본인 근거지가 존재했고, 수산물의 최대 집산지였기 때문이다. 본래 조선에는 일본인이 운영하는 어시장이 등장하기 이전부터 원산, 마산, 강경 등 포구를 통해 집산된 수산물이 서울의 시전과 지방의 장시 등을 거쳐 소비자에게 유통되고 있었다. 그런데 조선해로 출어하는 일본인 수가 증가하고 어획물 역시 늘어감에 따라 전국에 어시장이 형성되어, 이를 중심으로 수산물 집산과 유통이 이루어지게 된 것이다.

『한국수산지(韓國水産志)』(1908년부터 1911년까지 농상공부 수산국과 조선총독부 농상공부에서

〈표 2〉 조선 내 주요 어시장(1908년 말)

소재지	시장 이름	경영자 이름	자금(원)	불입금	설립일
울산	울기(蔚埼)어시장	울기수산회사	10,000	-	설립 중
부산	부산어시장	부산수산회사	600,000	-	1889. 8. 5
마산	마산수산회사어시장	마산수산회사	20,000	5,000	1906. 4. 8
장승포	장승포어시장	장승포어시장	10,000	-	1907. 2. 20
통영	통영어시장	통영어시장조합	5,000	-	1907. 4. 1
목포	목포어시장	長浦福市	5,000	-	1900. 9. 6
군산	군산해산회사어시장(西市場)	군산해산회사	10,000	2,500	1907. 3. 27
경성	주식회사경성수산물시장	주식회사경성수산물시장	60,000	15,000	1905. 1. 11
경성	목환(目ノ丸)시장	香椎源太郎	-	-	1908. 5. 16
용산	주식회사용산어시장	-	-	-	1907. 11. 9
인천	인천수산회사어시장	인천수산회사	300,000	75,000	1907. 11. 1
인천	인항어상(仁港魚商)회사어시장	인항어상회사	2,680	-	1899. 11. 15
진남포	진남포수산회사어시장	진남포수산회사	40,000	-	1908. 3. 12
신의주	신의주강안어시장	藤原秀吉	2,200	-	1908. 5. 10
평양	주식회사평양어채시장	주식회사평양어채시장	300,000	-	1906. 10. 20
대구	대구어채시장	조합 경영	-	-	1908. 2

吉田敬市, 1954,『朝鮮水産開發史』, 朝水會, 232~233쪽; 이근우 역, 2010,『한국수산지 I -2』(원제 韓國水産誌), 새미, 36~37쪽

조선 수산의 실상을 조사·기록한 책)에 "수산물을 전문으로 판매하는 기관으로 운영되는 것은 대개 일본인이 경영하는 것이고, 조선인의 손으로 이루어지는 것은 그 수가 적다. 종래 객주, 여각이라고 하는 자가 있는데, 그 영업 형태는 일본인의 도매업(問屋業)과 흡사하다"라고 기록된 것과 같이 민족

부산수산회사에서 운영하는 부산어시장
(부산역사문화대전, 『부산의 상공업 100년』, 부산상공회의소, 1989)

별 판매기관과 판로가 달랐다.

1889년 부산수산회사에서 운영하는 어시장을 시작으로 인천, 목포, 통영, 군산 등 주요 항구 도시를 중심으로 어시장이 세워졌고, 1908년에 이르면 조선 전역에는 16개소의 어시장이 위치하였다.

일본인이 운영하는 어시장은 대개 일본 어민의 어획물을 취급하였다. 이러한 모습을 부산어시장과 마산어시장을 통해 살펴보고자 한다. 1889년 부산수산회사에서 창립한 부산어시장은 1907년 조직 개편과 함께 자본금 60만 원 규모로 확장되었다. 주요 업무는 수산물 위탁판매와 각지의 생책(生簀)을 갖춘 활어 수송 및 판매였지만, 어업 향상과 장려, 재난 어민 구조, 각종 수산제조품 판매 등 어업과 연관된 전 분야에 주의를 기울였다. 당시 조선인은 부산 남포동에 위치한 전통 어시장과 어항을 중심으로 어획물을 유통·판매하였다. 이처럼 민족별 어시장이 분리되어 존재함으로써 어획물 판매를 놓고 경쟁하게 되었다.

이러한 현상은 마산에서도 나타났다. 마산어시장은 일본인이 마산 근해, 진해항 부근, 거제도 주변에서 어획한 수산물을 취급하였다. 이와 달리 조선인은 자신들의 어획물을 마산포의 조선인 객주를 중심으로 유통함에 따라, 지역 내에 일본인 경영 어시장과 조선인 어시장이 분리 운영되었다. 일본인 어시장에서는 조선인이 선호하는 갈치, 대구, 청어 등을 판매하며 끊임없이 시장 확장을 도모하였다.

한일병합 이후 조선총독부는 1914년 9월 시장규칙을 공포하여 시장 설치 허가제를 실시하였다. 이는 일본인 위주의 시장 설치를 용이하게 하기 위함이었다. 그 결과 어시장 역시 대부분 일본인이 경영하는 결과를 낳았다.

5

일제의 조선해 침탈 정책 2단계: '장려화'

일본은 청일전쟁 승리를 발판으로 조선해에서 일본 어민의 기득권을 확립하고자, 통어를 적극적으로 '장려'하였다. 이를 위해 조선 연해에 대한 정보가 필요해졌고, 수산전문가를 파견하여 본격적으로 탐사하기 시작하였다. 대표적인 인물로 세키자와 아키기요(關澤明淸)가 있다. 그는 일본 정부의 권유로 1892년 11월 도쿄에서 출발하여, 4개월간 부산, 원산, 경상, 전라 등을 둘러보고 8차례의 보고서를 올렸다. 그리고 1893년 3월 도쿄로 돌아가서 보고서를 정리하여 『조선통어사정』이라는 책으로 발간하였다. 이 책은 조선 연해의 지리와 해산물, 조선인 어업 상황, 일본인 진출 어선 수와 수익금, 일본인 진출 어업자의 희망 등을 기록한 것으로서 일본 최초의 수산업 종합보고서이다. 이후 일본어민들의 조선해 어업 장려 및 안내를 위한 기본서로 활용되었다.

일본 정부는 청일전쟁 승리 이후 조선 침략을 더욱 강화해 나갔지만,

삼국간섭으로 러시아의 한반도로 진출이 본격화되자 오히려 정치 주도권을 위협받았다. 당시 러시아는 조선 정부에 각종 이권을 요구했는데, 그 중 하나가 동해안 포경선 사업이었다. 사업을 획득한 이후, 러시아태평양어업주식회사는 울산에 포경 근거지 두고, 태평양 일대에서 잡은 고래를 해체하였다. 이에 일본 정부는 러시아 포경선어업이 조선해로 진출한 일본인에게 위협이 된다고 판단하여, 대응책으로서 원양어업(遠洋漁業)을 발달시키고자 하였다. 게다가 일본 내부적으로도 도시 형성, 자본주의 상품 및 교통시설 발달로 인해 수산물의 국내 수요가 급격히 증가하고 있었지만, 일본 연안의 어업 쇠퇴로 이를 충족하지 못하는 상황이었다. 이러한 상황을 타개하고자 1897년 일본 정부는 일본인의 원양어업을 장려하는 원양어업장려법(법률 제45호)을 공포하였다.

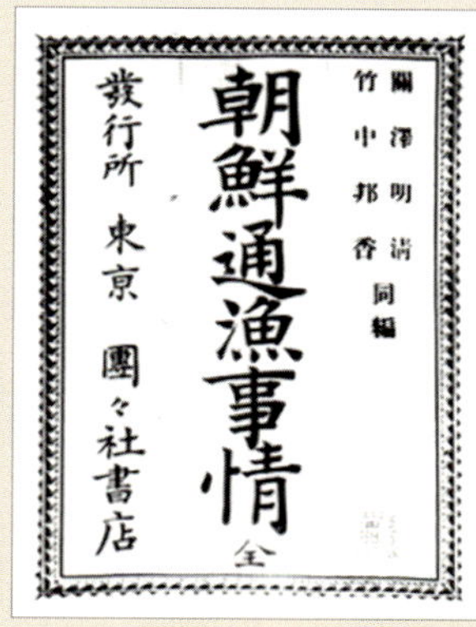

『조선통어사정』
(한국해양수산아카이브)

원양어업장려법(일부)

- 원양어업을 장려하기 위해 국고는 매년 15만(万) 이내를 지출한다.
- 장려금을 받는 것이 가능한 선박은 목선 철선을 불문하고 기선 50톤 이상, 범선 30톤 이상으로 일정의 의장(艤装) 규정에 합격하고, 승무원 5분의 4가 일본인이어야 한다.

• 장려금을 받을 수 있는 어렵(漁猟)은 고래, 해달, 물개, 다랑어, 가다랑어, 대구, 대서양고등어, 방어, 오징어, 넙치의 한 종이다.

_ 岡本信男, 1965, 『近代漁業發達史』, 水產社

이처럼 일본 정부는 원양어업장려법을 통해 조선을 비롯하여 연해주, 블라디보스토크, 대만 등으로 출어하는 일본 원양어선에 보조금을 지급하며 장려하였다.

나아가 조선해에서 활동하는 일본인을 조직적으로 보호·감독할 수 있는 방안을 강구하기 위해 관민조사단을 수차례 파견하였다. 특히, 농상무성 수산국장 마키 나오마사(牧朴眞)를 단장으로 한 조사단의 활동은 이후 통어조합을 설립하는 데 주요 역할을 하였다. 이들은 1899년 6월 시모노세키(下關)를 출발하여 부산, 목포, 인천, 원산을 시찰하면서 어업조합 설립 계획안을 구상하였고, 7월 2일 후쿠오카(福岡)로 돌아왔다. 그리고 조선해 출어와 관계된 13개 부·현의 수산주임관 및 대표자들과 후쿠오카에서 회의를 개최하여 조선해 활동에 관해 논의하였다. 그 결과 1900년 5월 '조선에서 활동하는 일본 어민들을 보호하고 감독한다.'라는 명분 아래 조선해통어조합연합회(약칭 연합회)를 조직하였다.

연합회 본부는 후쿠오카와 부산에 두었으며, 지부는 원산, 목포, 마산, 군산 네 지역에 설치되었다.

조선해통어조합연합회의 주요 집행 사항

조선해통어조합연합회의 설립 목적은 각 부·현의 조선 출어조합을 관할하여 조선해에서의 일본 어업의 개량 발달과 공동 이익의 증진이다. 주요 집행 사항은 다음과 같다.

1) 어선 · 어구의 개량

2) 통어자의 예의범절 교정과 한일 양국민의 화친

3) 통어자의 보호 단속

4) 조난 구제

5) 통어 출원과 기타 수속의 대행

6) 통어자의 통신 · 저금 · 송금의 대변

7) 통어자 및 한일인 사이의 분쟁 중재

8) 수요품의 공급 및 어획물 판매 알선

9) 어구 어선의 보관

10) 의료 위생

_ 吉田敬市, 1954, 『朝鮮水産開發史』, 朝水會

연합회는 소속 정찰선을 이용해 조선어장을 순회하면서 일본인의 어업 활동을 보호하였고, 일본 경찰과 의사가 탑승한 순시선(巡視船)을 정기적으로 파견하여 일본 어업세력을 지원하였다. 1902년 일본 정부에서 외국영해수산조합법을 제정하여, '조합의 구역 내에서 조합원과 동일한 업(業)을 영위하는 자는 그 조합에 가입해야 한다'라며 조합의 강제 가입을 규정하였다. 이에 따라 연합회는 이듬해 1903년 조선해수산조합(이후 조선수산조합으로 개칭)으로 명칭이 변경되었다. 일본 정부는 수산조합에 매년 보조금을 지원하며 조선해로 진출한 일본인을 적극적으로 보호하였고, 조합 일원으로 조선인 어업자까지 포함하여 자신들의 관리 감독 아래 두고자 하였다.

한편, 1902년 11월 일본 정부는 러시아 남하를 저지하고 조선 서해안

조선수산조합 본부(부산)
(요시다 게이치, 박호원 · 김수희 역, 2019, 『조선수산개발사』, 민속원, 274쪽)

에 관한 권한을 강화하기 위해 경기도 통어권을 강제로 빼앗았다. 게다가 러일전쟁 발발을 기점으로 조일통어장정을 일방적으로 개정하여, 일본인들이 출어할 수 없었던 황해도, 평안도, 충청도 3도까지 개방하였다(1904. 6. 4). 이제 일본인들은 조선해 모든 연안에서 어업 활동이 가능해졌다.

6

일제의 조선해 침탈 정책 3단계: '독점화'

일본 정부는 러일전쟁 승리 이후 조선해에서 활동하는 일본 어민들을 위해 통어에 관한 협정을 개정하자고 주장하였다. 그리고 어업에 관한 4개조의 협정 초안을 제시하여 강요한 결과 1908년 10월 31일 한일어업협정서가 조인되었다.

한일어업협정서(내각 고시 제23조)

한일 양국 신민의 어업에 관하여 한국 정부와 통감부는 본년(1908) 10월 31일에 협정서를 좌(左)와 같이 정하여 한국어업법 시행일로부터 시행함.

융희 2년 11월 13일

일. 일본국 국민은 한국의 연해, 강만, 하천 및 호지(湖池)에서 어업을 경영할 수 있으며, 한국 국민은 일본국의 연해, 강만, 하천 및 호수 연못에서 어업을 경영할 수 있다.

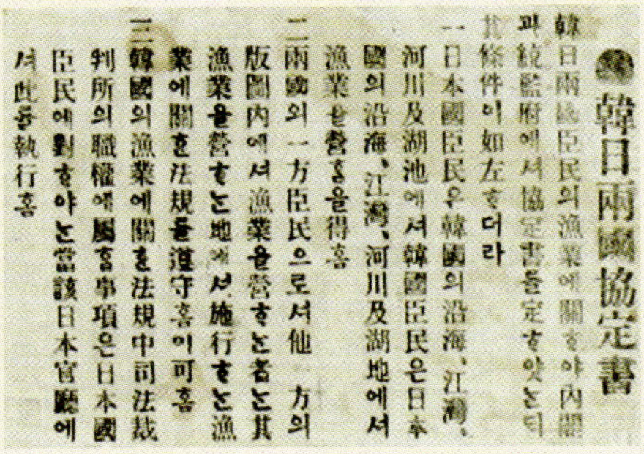
韓日兩國協定書

韓日兩國臣民의漁業에關하야內閣과統監府에서協定書를定하얏는ᄃᆡ其條件이如左하더라
一日本國臣民은韓國의沿海, 江灣, 河川及湖池에서韓國臣民은日本國의沿海, 江灣, 河川及湖地에서漁業을營홈을得홈
二兩國의一方臣民으로서他 方의版圖內에서漁業을營하는者는其漁業을營하는地에서施行하는漁業에關한法規를遵守홈이可홈
三韓國의漁業에關한法規中司法裁判所의職權에屬한事項은日本國臣民에對하야는當該日本官廳에서此를執行홈

신문에 보도된 〈한일양국협정서〉
(「韓日兩國協定書」, 『皇城新聞』, 1908년 11월 13일)

이. 양국의 어느 한쪽 국민으로서 타(他) 일방(一方)의 판도 내에서 어업을 경영하는 자(者)는 그 어업경영지(地)에서 시행하는 어업에 관한 법규를 준수해야 한다.

삼. 한국의 어업에 관한 법규 중 사법재판소에 속할 사항은 일본국 신민에 대하여는 당해(當該) 일본관청에서 이를 집행한다.

사. 개국 498년 10월 20일 명치 22년 11월 12일 조인한 한일 양국 통어 규칙 기타 양국 통어에 관한 협정은 속히 이를 폐지한다.

_『舊韓國官報』(제4227호 1908년 11월 13일), 33면

이로써 일본 어민은 조선해 출어에 관한 수속 절차 없이 조선 어민과 동등한 법적 지위를 보장받았다. 그리고 네 번째 조항에 근거하여 한일 양국 사이에 체결되었던 조일통어장정을 비롯해 기존의 어업에 관한 조약은 모두 폐지되었다.

한편, 통감부에서는 일본 어민의 조선 이주·정착을 보다 적극적으로

〈표 3〉 1909년 11월, 민족별 어업 출원 허가 수

(단위: 건, %)

민족	허가어업				면허어업		계출어업 (신고어업)		비고
	출원 수		허가 수						
조선인	68	18.3	**53**	15.6	**2,115**	36.6	2,305	64.3	-
일본인	301	81.1	**284**	83.8	**3,200**	55.3	1,278	35.7	-
한일 공동	2	0.5	2	0.6	469	8.1	-	-	-
합계	371	100	339	100	5,784	100	3,583	100	-

농상공부수산국, 『조선해수산조합월보』 제14호(1910. 1. 1), 29쪽(장수호, 2011, 조선시대 말 일본의 어업침탈사, 수산경제연구원BOOKS, 116쪽)

* 비율은 소수점 두 번째 자리에서 반올림하였다.
* 허가어업 출원 수 비율합계는 99.9%이지만, 반올림하여 100%로 서술하였다.

장려하기 위해 어업권을 부여하고자 하였다. 이를 위해 일본의 어업법을 모방하여 조선에도 어업법을 제정하고자 하였다. 새로운 어업법의 법률안은 농상공부 수산국의 수산주임인 미화방태랑(米花芳太郎)이 담당하여 1908년에 완성하였다. 곧이어 통감부에서 일본인이 작성한 어업법(법률 제29호)을 조선 정부에 공포케 하였고, 그 결과 1909년 4월 1일자로 시행되었다. 해당 어업법의 목적은 어업 면허제를 시행하여 재산권으로서 어업권을 확립한 다음, 일본 어민들이 조선 어민들과 마찬가지로 소유권을 확보할 수 있도록 하기 위함이었다.

〈표 3〉과 같이 민족별 어업 출원 허가 수를 보면, 허가어업과 면허어업에서 일본인이 조선인에 비해 각각 5배, 1.5배나 우위를 점하였다. 즉, 일본 어민들이 통감부의 비호 아래 조선 연해의 어업권을 장악해 나갔던 것에 비해 조선 어민들은 기존의 어업권을 보호받기는커녕 어업권 획득마저도 어려운 상황이었다.

〈자료 4〉 어업법 중 면허어업에 관한 조항(일부)

제1조 본법에 어업이라 칭함은 영리(營利)의 목적으로 수산동식물을 채포(採捕) 또는 양식(養殖)하는 업(業)을 말한다. 어업권이라 칭함은 제2조를 의하여 면허를 받아 어업을 맡을 권리를 말한다.

제2조 다음에 기록된 종류의 어업은 농상공부 대신의 면허를 받지 않으면 주업(做業, 종사)할 수 없다.

1. 일정한 수면에 어구를 건설 또는 부설하고 일정한 어(漁)기간을 정치(定置)하는 어업 (제1종 면허어업)
2. 일정한 구역 내에서 포구(浦具) 채조(採藻) 또는 양식을 하는 어업 (제2종 면허어업)
3. 육지 또는 암초 등에 지점을 일정하게 하여 어망을 예양(曳揚) 또는 예기(曳奇)하는 장소로 하고 일정한 어(漁)기간에 빈삭(頻數, 잦음) 사용하는 어업 (제3종 면허어업)
4. 일정한 수면을 어망의 건설 또는 부설하는 장소로 하고 일정한 어(漁)기간에 빈삭 사용하는 어업 (제4종 면허어업)

전항 외에 일정한 수면에 대하여 자본과 노력을 들여 어류를 집합케 하는 어법으로써 경영하는 어업 (제5종 면허어업)에 관해서는 어업자의 청원에 따라 농상공부대신은 어업면허를 부여하고 이를 보호함을 득(得)한다.

제3조 어업의 면허기간은 10개년 이내로 한다. 단 농상공부대신은 어업권자의 신청에 따라 기간을 경정(更定)함을 득한다. 제6조를 의하여 어업권을 정지한 기간은 전항의 기간에 산입(算入)하지 않는다.

_『舊韓國官報』(제4225호 1908년 11월 11일), 25면

7

침략자의 시선으로 바라본 조선 어민의 모습

일본, 청 등 외국 어민들이 조선해로 진출하는 동안 조선 어민들은 어떠한 상황이었을까. 우리나라는 삼면이 바다라는 환경 조건으로 인해 일찍부터 어업이 발달하였다. 고려시대까지는 강, 호수, 저수지 등에서 행해지는 내수면어업의 비중이 컸고, 조선 전기에 이르러 바다어업으로 확대되었다. 특히, 조선 후기에 바다어업이 활발해지면서 선박과 어망 제조 및 어획 기술 등이 발달하였고, 이로 인해 바다 고기 중심으로 어획량이 늘어났다. 그러나 당시 조선 정부의 원양어업 금지로 인해 외해(外海)로 고기잡이를 하러 배를 타고 나갈 만큼 어선과 어구가 발달되지는 못한 상황이었다. 또한, 사회적 어업 경시 풍조와 어민들 대부분이 농업을 겸업하는 반농반어의 삶을 살고 있었기 때문에 전업어업가로 성장하기에는 힘든 상황이었다.

조선 어촌과 어민의 모습에 대해 일본인들은 조선 연해의 지리적 조건,

조선시대 어로 기술. 강에서 낚시와 조개를 채취하고 있는 모습이다.
(한국향토문화전자대전)

어장 실태, 어종 분포 등을 조사하여 기록하였다. 먼저 요시다 게이치는 『조선수산개발사』를 통해 조선 어촌 상황을 다음과 같이 언급하였다.

일찍이 어민, 염간(鹽干)은 권문(權門)·아문(衙門) 또는 부호 등의 착취 대상이 되어 어촌의 궁핍은 그 극에 달하고, 천여의 자원도 거의 황폐하기에 이르렀다. 이러한 추세는 고려시대부터 한말에 이르기까지 대체로 변함이 없었다. 특히 조선시대에는 내우외환이 끊이질 않아, 식산흥업에 힘을 쓸 여유도 없었다. 따라서 어염업(漁鹽業)의 개발 실적은 올라가지 않고, 민중은 일상적인 용염(用鹽)에 시달렸던 것도 드물지 않았다. … 특히 조선 중기경 균역청을 설치하고 해세 절목을 제정해서 그 해세의 통일을 시도하여 일단 형식적으로는 그 정비를 보는 것은 주목해야 한다. 그러나 실질상 거의 변한 바가 없고, 이윽고 다시 어량·염분의 사유화가 더욱더 격화되어 조선 말기경에는 중요한 어장 또는 염장의 대부분이 권문·부호들이 점유하게 되었다.

_ 吉田敬市, 1954,『朝鮮水産開發史』, 潮水會

이처럼 요시다는 조선 어민들은 고려시대부터 구한말에 이르기까지 권문세도가의 착취 대상이 되어 궁핍함에서 벗어나기 힘들었고, 권문과 부호들이 어량, 염분을 독점하는 바람에 어업이 성장하지 못하였다고 기록하였다.

호즈미 신로쿠로(穗積眞六郎) 역시『조선수산의 발달과 일본(朝鮮水産の發達と日本)』을 통해 조선 어촌의 모습을 서술하였다.

조선에서는 어업이나 제염 등은 대부분 나라 소유로 취급하고, 결국 어업을 어떻게 할 것인가에 백성은 거의 흥미도 없고, 국가로서도 어업에서 거둬들이는 세금이라든지, 그 어장의 권리를 억압하는 쪽에만 신경을 쓰는 것이었다. 그러나 국가의 재원으로서 가지고 있어도 관리계급이나 유력자들이 계속해서 사유화하여, 거의 국가가 마음대로 할 수가 없었다. 그러자 국가로서는 세금이 거둬지지 않았기 때문에 어업이나 제염 쪽에는 구멍이 생기게 되었다. 더욱이 조선은 전세(田稅)가 중심으로서 어업이나 제염 등에서 걷는 수산 관계의 세금 등은 거의 큰 수입이 아니었다. 거의 세금도 들어오지 않는 사업에 국가가 돈을 들여서 크게 할 필요도 없었다. 결국 어업이나 제염업도 언제나 발전되지 않는다고 말할 뿐이었다.

_ 穗積眞六郎, 1968,『朝鮮水産の發達と日本』, 友邦協會

호즈미는 조선에서 어업이나 제염 등은 국가가 소유하거나 세도가들이 사유화하여 그것을 이용한 권리만을 누리는 상황이라고 하였다. 또한, 그는 조선 정부에서도 세금에서 어업세가 차지하는 비중이 작기 때문에 크게 취급하지 않아 발전이 지지부진하다고 기록하였다.

> 일본 어민의 통어로 인해 조선 어업이 비상히 향상된 것도 확실합니다. 일본 어민의 통어는 어쨌든 육천 척(隻)에 미쳤기 때문에 도저히 일본인만으로는 할 수 있는 것이 아닙니다. 아무래도 조선 사람을 고용해서 일을 해야 됩니다. 따라서 그때까지 조선 사람은 별로 어업에 뛰어나지 않았지만 일본의 통어선에 고용되고 나서 죽죽 기술도 향상하고 어업에 친해지게 되었습니다.
>
> _ 穗積眞六郎, 1968, 『朝鮮水産の發達と日本』, 友邦協會

나아가 조선해로 진출한 일본 어민들이 조선 어민들을 고용함으로써 기술이 향상되어 조선의 어업이 크게 발달했다고 주장하였다. 이렇듯 일본인들이 쓴 기록을 보면 당시 조선 어촌과 어민의 모습을 일부 엿볼 수 있다. 하지만, 이들이 '조선 바다 침략'을 '정당화'하기 위해 특히 조선 어촌과 어민의 피폐한 상황, 일본 어민의 기술과 이로 인해 발생되는 이점 등을 강조한 점은 간과할 수 없다.

〈자료 5〉 요시다 게이치와 『조선수산개발사』

요시다 게이치는 1942년 조선총독부가 자신들의 업적을 남기는 의미에서 저서 편찬을 의뢰하자, 일본 관청과 각 지방의 수산단체, 도서관 등에 있는 자료를 수집 · 정리하여 『조선수산개발사』를 저술하였다. 또한, 그는 제주도, 연평도 등 도서 지역을 탐방하여 어민들을 만나 면담 · 조사하였고, 조선이 해방되기 전까지 양국을 왕래하며 연구를 마무리하였다.

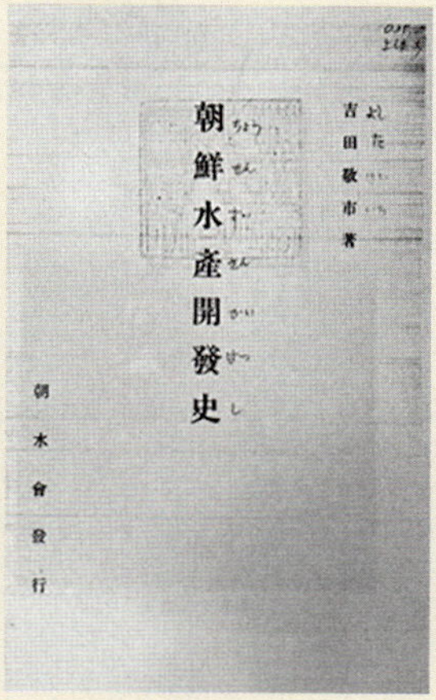

『조선수산개발사』

요시다는 자신의 연구에 대해 "한국으로 건너갈 수 있다고 해도 어업에 관계된 자료 대부분은 이미 사라졌고 일본인이 전부 철수한 오늘날 조사의 주요 대상을 상실한데다 조선의 수산을 개발하는 제일선에서 활약하였던 한일 두 나라의 관민들도 세월과 함께 사라졌으므로 앞으로 이런 조사연구는 매우 어렵다."라고 하였다.

그러나 이 책에 기록된 조선수산업의 상황과 개발 과정이 식민지 사관에 입각해서 서술되었다는 점을 간과해서는 안 된다.

_ 요시다 게이치, 박호원 · 김수희 역, 2019, 『조선수산개발사』, 민속원, 18쪽

8

일제의 '영원한 이익'을 위한 '이주어촌' 건설 계획

일제의 조선 연해 침투 방식은 조일통상장정(1883. 7), 조일통어장정(1889. 11) 등 조약 체결을 통한 일본인 어업 활동의 합법화와 이에 기반한 통어 형식이었다. 그러나 러일전쟁을 전후하여 조선에 마련한 근거지로 일본 어민을 이주·정착시키는 방식으로 침투 방식이 변화하였다. 이렇게 형성되기 시작한 일본인 이주어촌은 건설 주체에 따라 '자유이주어촌'과 '보조이주어촌' 두 유형으로 구분되었다. 먼저 자유이주어촌은 어민 스스로 일정한 지역으로 이주하여 형성된 어촌이며, 보조이주어촌은 러일전쟁 전후 일본 정부나 수산단체의 지원 아래 정책적으로 건설된 어촌을 일컫는다. 이러한 이주어촌 형태는 요시다 게이치가 분류한 것으로, 임의로 발생된 입지(立地)를 자유이주어촌, 지방자치단체 또는 수산단체 등의 계획건설지를 보조이주어촌이라 하였다.

일본 정부에서 직접 나서서 조선 연안에 이주어촌을 설치하고자 한 이유는 다음과 같다.

일본 어민이 조선 해역에서 통어라는 것은 비상히 발전해 왔지만, 이때까지는 고기를 잡아도 그것을 팔아 치울 근거지라고 부를만한 것은 가지지 않았습니다. 그래서 많은 불편함이 뒤따를 뿐만 아니라 여러 가지 문제가 생기는데 그 제일 문제는 이렇게 해서 잡긴 잡지만 그 처리가 곤란하다라는 것입니다. 일본 내지로는 멀고, 그 당시에는 운반선 등이 별로 발전하지 않았기 때문에 어슬렁어슬렁 운반하는 사이에 썩어버립니다. 어쩔 수 없이 조선 사람에게 팔려고 해도 조선인들은 별로 기호에 맞지 않아서 심한 비난을 받습니다. _ 穗積眞六郎, 1968, 『朝鮮水産の發達と日本』, 友邦協會

일본 어민은 조선해에서 어획한 수산물을 처리하기 위해 일본 본토로 가지고 돌아가거나 또는 조선인에게 판매하는 두 방법을 취하였다. 그런데 이들이 채취한 수산물을 가지고 일본으로 돌아가면 운반선이 발전하지 못해 썩어버렸고, 기호가 맞지 않은 조선인에게는 원활하게 판매되지 않아서 손해가 발생하였다. 이에 일본 정부는 통어로 인해 발생한 일본 어민의 어려움을 조선 연안에 일본인 이주정착지(移住定着地)를 형성함으로써 해결하고자 하였다. 더욱이 러일전쟁 이후 일본의 인구 증가와 자본주의 경제 발전 등으로 인해 대만·사할린(樺太) 등의 식민지 이주가 활발해진 경향이 조선에도 영향을 미쳐 농업이민과 함께 적극 추진되었다.

일본 정부는 이주어촌 건설을 위해 1904년 12월 농상무성 기사 시모게이스케(下啓助)와 기수 야마와키 소지(山脇宗次)를 조선으로 파견하였다. 이들은 진남포, 인천, 군산, 죽도, 목포, 팔구포, 마산, 부산, 울산, 거제도 등을 답사하며 조선의 어업과 어촌 상황을 시찰하였고, 1905년 2월 일본으로 돌아가 『한국수산업조사보고』를 제출하였다. 두 사람은 보고서를 통해 "한국에서의 일본인 어업은 오래전부터 시작되어 요즘 현저히 발달하였다. 그러나 현재 통어자는 그저 성어기에 어리(漁利)가 있는 바를 따라서 이전하여, 영구한 어리를 계획하는 바가 아니다. 그래서 장래의 영원한 이익을 증진시키고 피아(彼我)의 행복을 향유하려고 하면 다음 시설들을 만드는 것이 필요하다"라며 통어를 통한 일시적 이익이 아닌, 근거지를 형성하여 영원한 이익을 꾀해야 한다고 주장하였다. 이와 함께 이주어촌 건설 방안에 대해 보고하였다.

1. 이주민을 장려해서 한국 각지에 일본인의 취락을 이룰 것.
2. 한국 연해에 우리 어촌을 조직해서 어민을 차츰 한국의 풍습에 익숙해지게 함과 동시에 한국민을 일본풍으로 동화하는 것에 힘쓸 것.
3. 앞 두 항목의 목적을 달성하기 위해서 다음의 방법을 살필 것.
   1) 어업근거지를 정부에서 설치할 것.
   2) 감독자를 두고 각 지역으로 이주한 어민들을 통일 정리해서 질서 있는 어촌을 형성할 것.
   3) 근거지는 어업을 위한 개시장(開市場)으로 간주해서 일본 선박의 출입을 자유로이 할 것.
   4) 한국 이주를 바라는 지방을 통일해서 이들의 단결을 도모할 것.
   5) 앞 각 항의 목적을 달성하기 위해 중앙정부 및 지방청은 상당의 비용을 지출해야 할 것.
4. 정부는 재정의 사정(都合)에 따라 거액의 경비를 지출하지 못하더라도

여전히 다음의 시설을 위할 필요가 있을 것.

1) 상당한 선박을 사용해 전문기술자를 승선시켜 조류 · 저질(底質) 등 어장의 상황 및 수족(水族)의 종류, 분포 등을 조사하고 이것을 공시해서 일반의 방침을 정할 것.

2) 통어자 및 이주민의 조합을 맺게 할 것.

3) 이주지에 있어서 취체(取締) 감독 및 업무의 지도를 위할 것.

_ 下啓助 · 山脇宗次, 1905, 『韓國水産業調査報告』, 1~2쪽(www.dl.ndl.go.jp)

시모와 야마와키는 '한국 각지에 일본인 취락'을 만들어, 종국에는 '한국민을 일본풍으로 동화하는 데 힘써야 한다.'라고 하였다. 이러한 목적을 이루기 위해 일본 정부에서 어업근거지 설치를 주도하며, 감독자를 두고 이주한 어민들을 통솔시킬 필요가 있다고 하였다. 또한, 일본 정부만이 아니라 각 지방청에서도 상당한 비용을 지출해야 한다고 주장하였는데, 만약 재정이 여의치 않다면 통어자와 이주민 간의 조합을 형성하게 하고, 이주지에 감독을 두어야 한다고 하였다. 이처럼 두 사람은 조선에서의 일본인 이주어촌 형성을 국가나 지방 사업으로 추진할 만큼 중요 사안으로 여겼다.

이주어촌을 건설할 때 무엇보다도 중요하게 여긴 것은 이주근거지 선정이었다. 이에 따라 『한국수산업조사보고』에는 근거지를 선정하는 기준으로 다음 4가지 사항을 제시하였다.

첫째, 어장 근처에 출입이 편리하고 적당한 항만이 있을 것.

둘째, 어획물을 판매할 수 있는 시장이 있을 것, 또는 시장에 가까운 곳일 것.

셋째, 어가(漁家) 외의 여러 설비를 갖추고, 토지 외에 채소밭도 다소 있는 곳일 것.

넷째, 땔감 및 식수를 확보하는 데 편리한 곳이어야 하며, 또 부업도 운영 할 수 있는 곳일 것.

이주근거지 못지않게 이주어민 선정에 대해서도 다음 사항을 강조하였다.

첫째, 조선에서의 어업에 경험이 있을 것.

둘째, 각지의 어민을 뒤섞어 이주시키도록 할 것.

셋째, 한 가족 전부를 이주시키도록 할 것.

그러나 이주어민의 자격 조건을 제한했던 것에 비해 조선에 정착한 일본 어민들 중 무뢰배와 다름없는 무리들이 많았다. 이들은 총과 칼을 소지한 채 무단으로 조선 어장을 침탈하거나 지역민들에게 행패를 부렸고, 이로 인해 양국 어민들은 빈번하게 충돌하였다. 조선 어민들은 어업기지대여 거부, 저항, 결사 항쟁 등으로 대응하였으나, 일본 정부와 일본군에 보호를 받는 일본 어민들을 상대하기는 역부족이었다.

9

일본인 이주어촌 건설의 '활성'과 '침체'

일본 정부는 러일전쟁에서 승리한 이후 1906년 통감부를 설치함으로써 조선의 모든 행정을 일본 관할 아래 두고자 하였다. 그리고 어업 방면에도 조선해에서 일본 어민들의 영향력을 강화하기 위한 조치를 시행하였다. 그 일환으로 1908년 10월 한일어업협정서(내각 고시 제23조)에 조인하였고, 동년 11월에는 어업법을 발포하였다. 그 결과 일본인은 조선해에서 조선인과 동등한 법적 권리를 보장받았을 뿐만 아니라, 일본인 이주어촌 건설 역시 더욱 활성화되었다.

눈에 띄는 것은 다른 도에 비해 경상남도에 형성된 일본인 이주어촌 수가 월등히 많았다는 것이다(표 4). 일본인 이주어촌 중 경상남도에 위치한 비중은 1909년 58.1%, 1910년 60%, 1911년 51.6%, 1912년 47.9%, 1914년 39.6%로 1914년 한 해를 제외하면 전체 이주어촌의 절반 가량을 차지하였다. 이것은 일본 본토와 근거리라는 점과 양호

〈표 4〉 조선 내 일본인 이주어촌 분포 현황

(단위: 개, %)

연도 지역	1909		1910		1911		1912		1914	
	개수	비율	개수	비율	개수	비율	개수	비율	개수	비율
경기도	1	2.3	1	2.2	1	1.6	2	2.8	1	1.9
충청남도	2	4.7	2	4.4	2	3.2	2	2.8	0	-
전라북도	1	2.3	1	2.2	3	4.8	3	4.2	3	5.7
전라남도	5	11.6	5	11.1	8	12.9	8	11.3	4	7.5
경상북도	1	2.3	1	2.2	3	4.8	3	4.2	7	13.2
경상남도	25	58.1	27	60	32	51.6	34	47.9	21	39.6
황해도	1	2.3	1	2.2	2	3.2	5	7.0	0	-
평안남도	1	2.3	1	2.2	1	1.6	3	4.2	0	-
평안북도	1	2.3	1	2.2	2	3.2	2	2.8	0	-
강원도	2	4.7	2	4.4	2	3.2	2	2.8	16	30.2
함경남도	1	2.3	1	2.2	1	1.6	1	1.4	0	-
함경북도	2	4.7	2	4.4	5	8.1	6	8.5	1	1.9
총계	43	100	45	100	62	100	71	100	53	100

조선총독부, 1911, 『朝鮮總督府施政年報: 明治42至明治44』, 조선총독부, 319~320쪽; 『朝鮮總督府施政年報』, 1911년·1912년·1914년 판; 조선수산조합, 1915, 『朝鮮水產一斑』, 조선수산조합, 9~10쪽
* 비율은 소수점 첫 번째 까지 반올림 표시.

한 어장 및 항구를 지닌 부산, 울산, 통영, 거제, 남해 등이 속한 영향이었다. 그리고 1908년 한일어업협정 체결과 어업법 공포로 일본인이 조선 연해에서 조선인과 동등한 권한을 보장받게 되면서, 1909년부터 1912년까지 일본인 이주어촌은 각각 43개, 45개, 62개, 71개로 계속해서 증가하였다. 다만, 1914년부터 충청남도, 황해도, 평안남북도 등에 위치한 이주어촌 개수가 감소하였다.

> 이주어촌이란 것은 서류상 도면상의 계획만 있는 것도 너무 많았으나 결과적으로 별로 잘되지 못하는 것이 많았던 것 같습니다. 그래서 그 지도나 근거지의 설정은 정부가 하든지 감독자를 놓고 하든지 여러 계획이 있었지만, 그러나 결국 어업기지로서 우수한 위치를 차지하고, 감독자로 견실한 사람이 있고, 일본의 보조단체를 통해서 자금의 융통 관계가 잘 되어 좋은 조건이 갖춰진 곳은 잘된 셈입니다. 그러나 그런 조건이 갖춰져서 잘되었다라는 것은 수가 많지가 않은 것 같습니다.
>
> _ 穗積眞六郎, 1968,『朝鮮水產の發達と日本』, 友邦協會

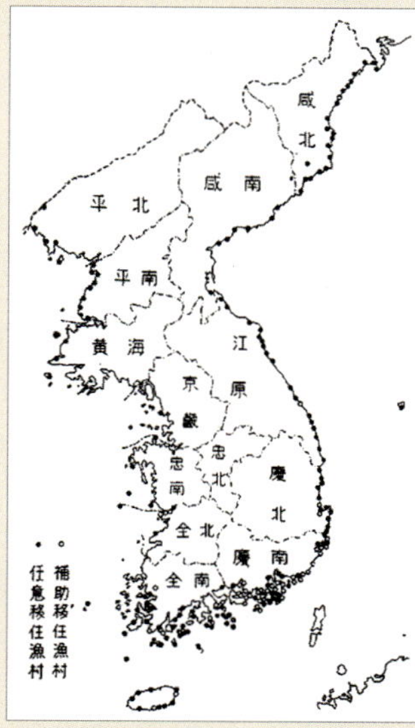

이주어촌 분포도
(吉田敬市, 1954,『朝鮮水產開發史』, 潮水會, 272쪽)

일본인의 조선 연해에서 권리 확보, 한일병합 등으로 인해 이주어촌 건설 호황이 일어났으나, 양호한 근거지, 견실한 감독자, 보조단체의 자금 융통 등을 모두 갖춘 우수한 일본인 이주어촌은 많지 않았다. 이에 따라 이미 형성된 일본인 이주어촌이 사라지거나, 새로운 이주어촌 건설 열기가 점차 식어갔다.

〈자료 6〉 보조이주어촌의 실패 원인

요시다 게이치는 『조선수산개발사』를 통해 조선에 건설된 일본인 보조 이주어촌은 실패했다고 서술하였다. 그는 이주어촌 실패 원인에 대해 1) 이주어민의 잘못된 선택, 2) 어업자금의 부족, 3) 이주근거지 선정의 잘못과 시설면을 갖추지 않음[不備], 4) 관청 및 이주어촌 경영자의 시책 불충분, 5) 우수한 지도자(감리자)를 얻지 못함, 6) 어획물 처리시설의 결함, 7) 조선인 어업자의 발전에 따른 영향, 8) 이주어촌 직업 전환과 어민 자제의 이촌(離村), 9) 이주어촌 경영에 대한 준비작업의 불충분 등 9가지로 설명하였다.

_ 吉田敬市, 1954, 『朝鮮水産開發史』, 潮水會, 276~281쪽

10

거문도 고도의 '자유이주어촌' 형성

조선에 건설된 일본인 이주어촌 중 운영이 미흡하여 금방 사라진 곳도 있었으나, 장기간 존속된 곳도 존재하였다. 구체적인 사례(10~16장)를 자유이주어촌 – 혼합이주어촌 – 보조이주어촌 순으로 서술하였다.

거문도는 동도(東島), 서도(西島), 고도(古島) 3개의 섬으로 이루어져 있으며, 이 중 고도에 일본인이 입도하여 일본인 이주어촌을 형성하였다. 거문도는 홍콩과 블라디보스토크 중간지점에 위치하고, 중국 상하이와 일본 나가사키(長崎)를 이어주는 항로 상의 요충지로 서구 열강의 주목을 받았다. 특히, 영국이 러시아 남진을 견제한다는 명목 아래 1885년 4월 15일부터 1887년 2월 28일까지 무단으로 거문도를 점령하였는데, 이때 영국군이 구축한 기반시설과 항만시설은 이주일본인의 안정적인 정착에 기여하였다.

일본과의 관계는 1904년 서도의 수월산에 일본군이 등대를 설치하고,

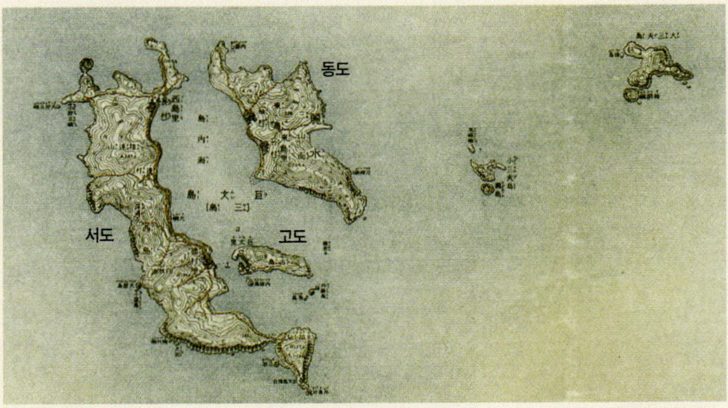

거문도 지도(동도, 서도, 고도 위치)
[한국사데이터베이스(朝鮮總督府, 朝鮮伍万分一地形圖. [23-2-12]: 巨文島(高興十二號), 1918)]

거문도 등대[이근우 역, 2010, 『한국수산지 Ⅰ-1』(원제 韓國水産誌), 새미, 39쪽]

일본 해군이 주둔하면서 시작되었다. 기록상으로 보면, 돗토리(鳥取)현 출신의 고야마 미쓰마사(小山光正)가 최초로 거문도에 입도한 민간 일본인이었다. 그는 1904년 일본군이 서도에 주둔했을 때 전신기사로 들어왔다. 러일전쟁에서 승리한 이후, 일본군은 철수했지만 고야마는 우편수취소 개소 허가를 받아 거문도에 정착하였다. 거문도우편수취소는 1907년 거문도우편소로 승격되었고 고야마가 우편소장을 맡았다.

다음으로 야마구치(山口)현 출신 기무라 주타로(木村忠太郎) 일가가 이주하였다. 그는 고향에서 발생한 화재로 가옥과 재산을 모두 잃고 재기를 꿈꾸며, 1906년 4월 자신의 부인과 셋째 아들을 데리고 입도하였다. 야마구치현 어민들에게 거문도 연해는 익숙한 어장이었다. 그것은 현 어민들이 양국 간에 합법적인 어업조약을 체결하기 전인 1878년부터 이미 배를 이끌고 거문도 근해에 출몰했기 때문이었다.

> 당시 이 섬에는 일본에 반항하는 도배들이 있어, 물건을 도둑맞고 폭행을 당했으며 움막 같은 집이나마 완성될 때까지 밤이면 모포를 가지고 해변의 바위틈에 숨어서 밤을 지새우기도 했다. 아주 위험한 때도 있는 등 고생이 이만저만이 아니었다. 이미 먼저 와있던 고야마 미쯔마사 부부와 함께 지역 주민의 이해와 협력을 얻으려 주야로 분주하게 돌아다녔다.
>
> _ 여박동, 2002, 『일제의 조선어업지배와 이주어촌 형성』, 보고사

기무라가 기록한 입도 당시 상황을 통해 거문도민, 즉 조선인들이 일본인의 이주를 반기지 않았음을 알 수 있다. 또한, 거문도민과 이주일본인의 관계는 "일인 어부 여섯 명이 의병의 습격을 당하여 두 명은 즉사하

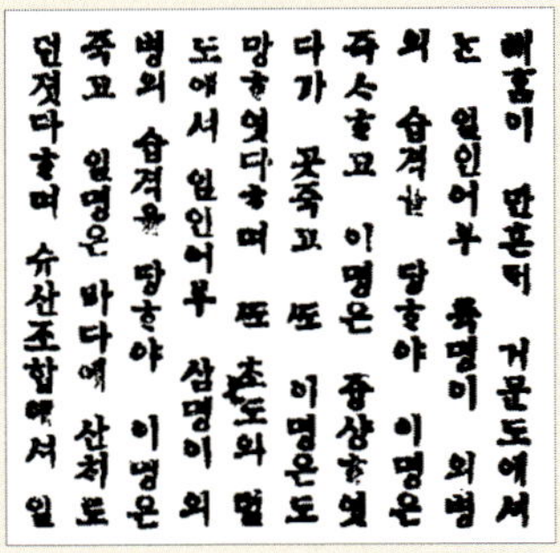
해害이 만흔데 거문도에서
는 일인어부 륙명이 외병
의 습격을 당ᄒᆞ야 이명은
즉사ᄒᆞ고 이명은 중상ᄒᆞ엿
다가 곳죽고 또 이명은도
망ᄒᆞ엿다ᄒᆞ며 또 초도와 멀
도에서 일인어부 삼명이 외
병의 습격을 당ᄒᆞ야 이명은
죽고 일명은 바다에 산쳐로
던젓다ᄒᆞ며 슈산조합에서 일

거문도의 일본인 어부 피살
(「일본어부피살」, 『大韓每日申報』, 1909년 4월 29일)

고 두 명은 중상이었다가 곧 죽고 또 두 명은 도망하였다"라는 기록에서도 알 수 있듯이 갈등이 지속되었다.

그럼에도 거문도 일대에 고등어, 멸치, 오징어 등의 어장이 풍부하여 고기를 잡는 시기가 되면 일본인 통어자들이 많이 모여들었다. 일본인들의 이주·정착도 계속되어 1910년 인구수 50명(12호)에서 1914년 47명(15호), 1918년 322명(90호)으로 증가하였다. 또한, 거문도에 이주한 일본인들은 상점, 목욕탕, 여관, 요정, 음식점, 유곽 등을 건설하고 경영하였다. 이처럼 일본인 이주자가 늘어나고 이주어촌 규모가 확장되자, 고도를 거문리로 칭하였고 서도리에 있던 면사무소를 옮겨와 거문도의 행정중심지로 재편하였다.

한편, 거문도에 정착한 일본인들이 경제활동의 주축이 되면서 조선인들은 일본인이 경영하는 상점의 점원으로 전락하거나, 외지로 나갔다고 한다. 이주일본인들에 의해 거문도민들이 오히려 밀려나는 현상이 발생한 것이다.

11

일본인의 '기회의 땅', 울산 방어진

방어진(方魚津)은 방어의 산지라는 의미로 '방어진(魴魚津)'이라 불렸으며, 일본인이 진출하기 이전에는 30호 남짓한 반농반어 마을이 생활하던 곳이었다. 방어진은 만(灣) 내의 수심이 깊고 넓어 선박 출입이 편한 조건을 갖추었고, 위치적으로 일본과 가까우며 인근 앞바다에 삼치, 방어, 고등어 등 일본인 선호 어종이 풍부함에 따라 일본 어민들이 일찍부터 어업 근거지로 삼았다.

1897년 무렵 오카야마(岡山)현 히나세(日生地) 일본 어민들의 삼치잡이로 출어가 시작되었고, 이후 가가와(香川)현, 후쿠이(福井)현, 야마구치(山口)현민들의 출어가 이어졌다. 당시 일본인들은 무동력 돛배를 이용했기 때문에 출어 시 편도 1개월이 걸렸고, 이로 인해 조난 발생 빈도가 높았다. 그럼에도 '하룻밤에 1천 마리의 삼치를 잡아 그물을 거두면 배가 가라앉고, 배를 침몰시키지 않으려면 망을 버려야 하는 큰 곤란에 빠졌다'라고 할 만큼 일본 어민들은 어획을 통한 일확천금을 노리며 방어진 앞바다로 출어하였다. 그리고 이들 중 방어진에 근거지를 마련하여 이주하는 자가 발생하면서 자주적으로 이주어촌이 형성되었다.

> 이곳 세토내해는 어부들은 늘어만 갔지만 어자원은 고갈돼서 먹고살기가 힘들었습니다. 우리의 조상들은 모두 가난했지요. 가난과 신분 상승이라는 두 가지 목표를 찾아 떠난 겁니다.
>
> _ 박정석, 2017, 『식민 이주어촌의 흔적과 기억』, 서강대학교출판부

방어진에 먼저 정착한 일본인들은 히나세 출신이었다. 히나세의 일본인들은 농지가 부족하여 어업 활동을 통해 생계를 유지하였는데 인구가 증가하고 어로 기술이 발달하는 것에 비해 세토내해의 어장이 고갈되어 가자, 새로운 어장을 찾아 조선해로 진출하였다. 일본인 이주는 1905년부터 본격적으로 시작되었고, 대표적인 인물로 히나세 어민 아리요시 가메키치(有吉龜吉)가 있다. 그는 어민으로 이주하였지만, 방어진에 정착한 이후 작은 잡화점을 열어 출어 또는 통어 어업에 필요한 물자를 제공하였다.

일본 정부나 수산단체 등의 보조를 받아 방어진에 이주어촌이 건설되기 시작한 것은 1909년 후쿠오카(福岡)현 지쿠호(筑豊) 수산조합에서 어부들이 거주할 가옥 30호를 건립하면서였다. 또한, 후쿠오카현에서는 어민 54명(16호)을 이주시키며 이들에게 필요한 택지와 밭으로 이용할 미개간지를 제공하였다. 이후, 1910년부터 오카야마현 40호, 가가와현 15호, 후쿠이현 8호 등이 현의 보조금을 받아 이주하였고, 이에 따라 방어진은 자유이주어촌과 더불어 보조이주어촌이 혼재된 곳이 되었다.

일제강점기 방어진 모습
(「[쉿! 우리동네] 방어 많이 잡혀 '방어진'」, 『연합뉴스』, 2018년 9월 22일, 울산 동구 제공)

일제강점기에 방어진은 수산업의 전초기지가 되면서 일본인들의 정착이 보다 활성화되었다. 이주하는 일본인이 많아지면서 우편소, 소학교, 순사 주재소, 소방서, 여객터미널, 여관, 수산회사, 만물상, 오락 및 체육시설 등이 설립·운영되었다. 또한, 어선을 건조하고 수리할 수 있는 조선소와 철공소가 들어서고, 어획물을 일본으로 실어 나르는 운반선 및 부산을 왕복하는 정기여객선이 운항되면서 동해안의 중심 항구가 되었다.

일본의 거의 축소판이라케도 과언이 아닐 정도로 여 와 왔심더. 그래서 여게 인자 전부 수산업이, 여기 어장이 있기 때문에 수산업이 중심 아닙니까? 수산업을 또 뒷받침하는 조선이 되어 배를 맨들어야 된다 말이야. 여기서 조선 철공소가 생깄고 … 여게서 동해 바다 저쪽에 전부 고기 잡으면 방어진 여게 와 가지고 집산지를 여게 와 가지고 고기를 팔고 또 고기 잡으면 여기 오고 … 여게서 운반선이 있어 가지고 일본에 하관까지 운반을 해 그대로 싣고 일본을 보내고 그래 이거는 직항로입니다.

_ 김호연 외, 2007, 『울산 청년운동과 김진수』, 울산대학교출판부

형제간이 다섯이고, 조부님은 농사를 지었지. 방어진심상고등소학교는 일본 사람이 다녔는데, 내가 아무리 생각해도 차라리 이 학교를 가야 하지 않겠나. 일산에 보성학교라고 학교가 조그만한 게 있었는데, 여기를 다니다가 일 년을 꿇었어. 이후에 방어진초등학교(심상고등소학교)를 시험봐서 들어갔지. 방어진초등학교에 그때 (조선인 학생이) 3명 다녔어. (2011. 7. 7. 인터뷰)

_ 박정석, 2012, 「일제강점기 일본인 이주어촌 방어진에 대한 기억과 그 흔적」, 『민속학연구』 30, 국립민속박물관

방어진에 정착한 일본인들은 해안가를 매립하여 그곳에 건물을 짓고 거주하였으며, 이와 함께 방파제를 건설하여 어선을 안전하게 정박시킬 항만시설을 갖추었다. 조선인들은 일본인 소유 어선에 하급 선원으로 고용되는 입장이었고, 임금 역시 일본인에 비해 낮았다. 또한, 일본인 학생을 위해 방어진소학교가 설립되었는데, 해방 전까지 조선인들은 일본인이 다니던 소학교를 구경조차 못했다고 한다. 그나마 존재한 조선인 입학생은 부잣집, 유력자의 자녀들이었다고 한다.

이렇듯 조선인과 이주 일본인은 방어진이라는 하나의 행정구역에 주거하였지만, 거주지, 교육 기관, 경제활동 계급 등에서 엄연히 분리되어 있었다.

12

'대립의 장', 거제도 우오시마촌

거제도 구조라는 위치상 다도해의 가장 동남쪽에 위치하여 조류만 잘 타면 가장 빨리 대마도에 도착할 수 있는 곳이다. 이에 따라 일찍부터 우오시마(魚島) 어민들이 구조라 앞바다로 진출하여 어업근거지를 형성하였다.

> 내해어업 특히나 혹어 남획의 극에 달한 세토내해 어족의 감소 이산은 자연의 이치로 어업은 벌써 비운에 젖어 있다. 이것에 비하면 어민은 점점 증가하여 그만두는 것을 모르고 지금 그 구제책을 강구하지 않으면 도탄의 고경에 빠지는 것은 당연하다.
>
> _ 김수희, 2010, 『근대 일본어민의 한국진출과 어업경영』, 경인문화사

본래 우오시마는 어류 산란이 풍부하다는 의미를 지닌 곳으로, 이곳의

일본인들은 주로 어업에 종사하였다. 그런데 1885년 이후 우오시마 인구가 증가하고 세토해의 어족이 감소하면서 어업 활동을 통해 생계를 유지할 수가 없었다. 이를 타개할 구제책이 필요한 상황에서 때마침 조선어장에 멸치가 풍부하다는 소문이 돌면서 우오시마 어민들이 조선해로 진출하게 된 것이었다.

당시 구조라 지역민들은 일본 어민의 침투에 대해 죽창을 들고 적극적으로 대항하였다.

> 일본인들이 창고를 짓고 어업을 하려 하자 주민들이 몰려와 어업은 상호의 조약임으로 어쩔 수 없으나, 오두막을 짓는 것은 절대로 용서할 수 없다고 300명이 죽창 깃발을 들고 왔다.
>
> _ 김수희, 2010,『근대 일본어민의 한국진출과 어업경영』, 경인문화사

구조라 지역민의 격렬한 반대에도 불구하고, 일본 어민들은 구조라로 진출하여 멸치어업을 지속하였다. 그리고 지역민 4~5명이 일본 어민이 포획한 멸치를 만지자, 즉시 절도범으로 몰아세우며 부산영사관으로 압송하였다. 이 사건을 계기로 구조라 지역민들은 일본인의 어업 활동을 방해하지 않겠다고 약속하였으나, 일본인에 대한 적개심은 사라지지 않았다.

일본인의 계속된 진출로 1902년에 이르면 일본 어민 120명, 창고 7개, 어선 35척이 상주하는 대규모 이주어촌으로 발전하였다. 이렇듯 구조라에서 일본인의 어업근거지 형성과 멸치어업이 궤도에 올라서자, 우오시마에서는 우오시마 분촌 '소어도촌(小魚島村)'이라는 슬로건 아래 이주어촌 건

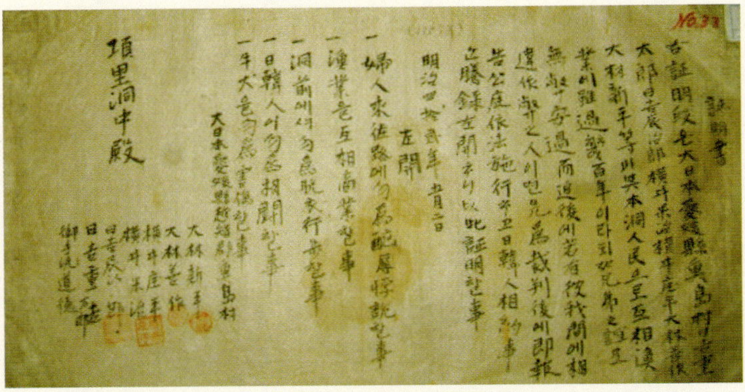

1909년 5월 2일 작성된 구조라 지역민과 일본인 간에 맺은 서약서. 이들 어민들이 그 이전부터 구조라에서 얼마나 악행을 벌였는지 알 수 있다.
(「(1)구조라, 근대의 시작점」, 『거제뉴스광장』, 2014년 11월 11일)

설을 지원하였다.

1908년 구조라에서 일본인회가 결성되어, 지역민들과 앙금을 풀기 위해 맹약서를 교환하였다. 이것은 일본 어민들이 구조라 지역민들을 절도죄로 몰아 영사관으로 압송한 사건 이후 남아있던 감정을 풀고, 다른 한편으로 구조라에서 어업을 하는 동안 지역민들의 협조를 이끌어 내기 위함이었다. 해당 서약서를 통해 첫째, 여자들이 다닐 때 음담패설을 하지 말 것, 둘째, 마을 앞에서는 옷을 벗지 말 것, 셋째, 소와 개를 해치지 말 것, 넷째, 어업은 서로 융통할 것, 다섯째, 서로 싸우지 말 것 등을 약속하였다. 증명서 끝에는 일본 어민의 이름이 날인과 함께 표기되었다.

구조라로 이주한 일본인들은 다른 일본인 이주어촌이 밭, 논 등을 구입하여 농사를 지은 것에 비해 대지를 확보만 하였다. 그것은 이주일본인들 대다수의 주업이 어업이었기 때문이었다. 이주일본인 중 일부는 반정주적 생활을 하며 3~12월의 어업 기간이 끝나면 어구, 어선 등을 창고에 보관하고 일본으로 돌아가기도 하였다. 그리고 이들은 구조라 지역민들을 고용하여 함께 어획하기도 하였다. 당시 민족별 어민의 일급(日給)을 비교하면, 일본인은 80전~1엔 20전으로 보통 90전을 받은 것에 비해 조선인은 40전~1엔으로 보통 60전을 받았다고 한다.

한편, 구조라에 거주하던 일본인의 인구는 1930년대에 들어 감소하기 시작하였다. 그것은 1930년대 주요 어종이 고등어, 명태, 정어리, 전갱이 등으로 바뀌면서 동해안의 방어진, 구룡포, 청진 등의 어장을 더욱 선호했기 때문이었다. 게다가 어선 역시 무동력선에서 동력선으로 전환됨에 따라 상대적으로 영세한 어민들이 무동력선으로 멸치를 어획했던 구조라는 어장으로서 가치가 떨어지게 되었고, 일본 어민들 역시 다른 지역으로 이주해갔다.

13

'모범어촌' 거제도 이리사촌

거제도에 위치한 장승포는 천혜의 어항으로 각종 어종이 풍부하여 일찍부터 일본인 밀어자가 진출하였다. 1876년 조선과 일본 사이에 강화도 조약이 맺어져 국교가 재개되었지만, 아직 어업과 관련된 조약 체결은 이루어지지 않은 상황이었다. 그럼에도 불구하고 일본인의 밀어는 강화도 조약 체결 이후 더욱 심해졌다. 일본인들은 장승포를 비롯한 거제도 곳곳에 어업근거지를 설치하여 계절마다 빈번히 출몰하여 어획하였다. 특히, 조선해수산조합은 러일전쟁을 위한 전략적 목적으로 이 일대를 어업근거지로 선정하여 이주어촌 건설에 착수하고자 했다. 그것은 1904년부터 거제도 송진포에 진해만방비부대가 주둔함에 따라, 장승포에 이주어촌을 건설하여 부대에 어류를 공급하기 위함이었다.

1904년 12월 1일, 조선수산조합이 개촌한 것으로 당시의 조합장 이리사

세이조(入佐清靜)의 성을 취하여 이리사(入佐)촌이라 명명하였다. 1905년 3월 후쿠오카(福岡)현 한해통어장려회부터 12호의 이주가 있은 것을 효시로 한다.

_『筑豊沿海地』(여박동, 2002, 『일제의 조선어업지배와 이주어촌 형성』, 보고사)

1904년 6월 하순 일본식 가옥을 준공하며 일본의 여러 지방에서 이주 희망자를 모집하였다. 조선해수산조합은 이주민의 자격 조건으로 첫째, 일본인으로서 만 22세 이상 50세 미만의 품행 방정하고 체력 건장한 기혼 남자로 부부가 같이 이주할 수 있는 자, 둘째, 선폭 5척 이상의 선박 및 조합이 지정하는 어구를 소유한 자, 셋째, 최근 3년 이상 어업에 종사한 자, 넷째, 5년 이상 거주할 수 있는 자, 다섯째, 본인과 가족 및 종업자 모두 전과가 없는 자 등을 제시하였다. 그리고 이와 함께 각종 편의 제공을 약속하며 이주를 부추겼다.

마침내, 1904년 12월 1일 장승포에 일본인 이주어촌이 개촌되었고, 이후 이곳은 조선에 건설된 '보조이주어촌'의 효시가 되었다. 이주어촌의 이름은 당시 조합장인 이리사 세이조(入佐清靜)의 성을 따서 이리사(入佐)촌이라 하였다. 그리고 1905년 12월에 후쿠오카(福岡), 와카야마(和歌山), 도쿠시마(德島), 에히메(愛媛) 등의 현에서 총 17호가 이주하며 이주어촌이 점차 확장되는 듯 보였으나, 이듬해 폭풍으로 인해 건축물이 무너지고 어획물 처리가 곤란해져 대다수의 이주일본인들이 일본으로 돌아가면서 이주어촌 건설에 제동이 걸렸다.

조선해수산조합 대의원 겸 후쿠오카현 통어장려소장을 맡고 있던 오타 타네지로(太田種次郎)는 이러한 상황에 분개하며, 1906년 7월 자신의 고향 무나카타(宗像)군 지노시마(地島) 어민 14호와 함께 이리사촌으로 이주

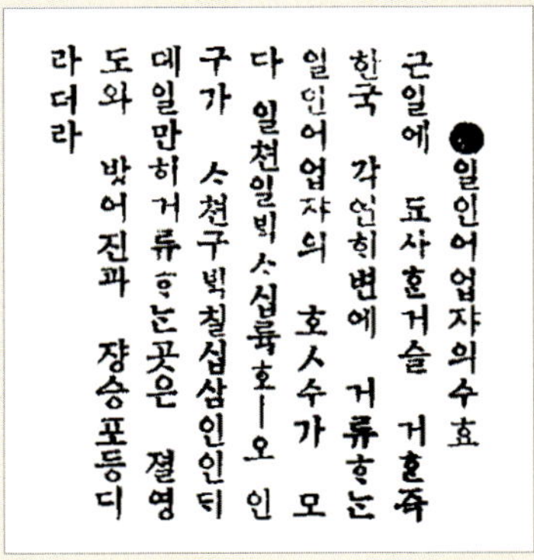

●일인어업자의수효

근일에 됴사혼거슬 거흔즉 한국 각연히변에 거류호는 일인어업자의 호수수가 모다 일천일뵉스십륙호-오 인구가 스쳔구뵉칠십삼인인디 데일만히거류호는곳은 졀영도와 밧어진과 쟝승포등디라더라

일본 어민들이 많이 거주하는 곳으로 소개된 장승포
(「일인어업자의수효」, 『대한매일신보』, 1910년 4월 22일)

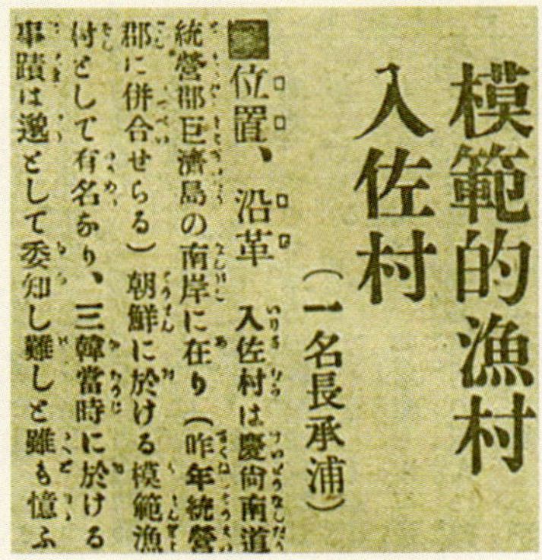

模範的漁村 入佐村（一名長承浦）

■位置、沿革 入佐村は慶尙南道統營郡巨濟島の南岸に在り（昨年統營郡に併合せらる）朝鮮に於ける模範漁村として有名なり、三韓當時に於ける事蹟は邈として委知し難しと雖も憶ふ

모범적인 어촌으로 게시된 이리사촌(入佐村)
(일명 장승포)
(「모범적 어촌 입좌촌(일명 장승포)」, 『부산일보』, 1915년 4월 13일)

하였다. 이후 이주민을 수용할 수 있는 건물이 더 확장되었고, 소학교, 우편취급소, 순사주재소, 잡화점, 음식점, 목욕탕 등 주요 시설까지 건설되어 점차 이주어촌으로서의 모습을 갖추게 되었다. 이주일본인 수 역시 점차 증가하여 1910년에는 357명(78호), 1911년에는 563명(134호)이 거주하였다. 1910년 4월 22일 『대한매일신보』에서는 '한국 각 연해변에 일인어업자들이 거주하고 있는데, 그 중 많이 거주하는 곳은 장승포'라고 언급하였다. 또한, 1915년 4월 13일 『부산일보』에서는 이리사촌을 '모범어촌'으로 소개하였는데, 그만큼 제대로 정비된 일본인 이주어촌이었음을 알 수 있다.

이리사촌에 정착한 일본인들은 일본인회를 조직하여 매장, 식림, 어업 개량 등을 함께 경영하였다. 나아가 이주어촌의 감독자 오타 타네지로가 이주민들과 고등어 건착망어업을 시도하여 성과를 얻었다.

> 1909년 이리사촌의 감리자 오타 타네지로는 카사이 겐타로(香椎源太郎)와 협력하여 고등어 건착망어업(巾着網漁業)을 창시하고, … 1911년 드디어 성공함으로써 조선에서 고등어 건착의 개척자가 되었다. 이렇게 해서 이리사촌은 고등어 건착망어업의 일대 중심지가 되었다.
>
> _ 吉田敬市, 1954, 『朝鮮水産開發史』, 潮水會

이로써 이리사촌은 고등어 건착망어업의 발상지이자, 한반도 남쪽에 위치한 고등어 어업의 최대 근거지가 되었다. 이로 인해 성어기에는 어선 500척, 종업원 4,500여 명 등의 통어자들과 기선 140척, 범선 150척 등 선어 운반선이 장승포 앞바다로 몰려왔다. 고등어 건착망어업의 성공으로 어선 규모와 시설이 확장되자, 일본인들은 어업 활동에 직접 나서기보다는 선원을 고용해 운영하는 기업형 어업으로 성장하였다. 이리사촌에 정착한 일본인들은 조선인들을 사무원, 종업원, 가정부로 고용하며 부유하게 거주하였고, 점차 부자 동네로 소문이 났다.

나아가 1922년 무렵에는 동력을 이용한 고등어 건착선이 출현하여 연안어업에서 바다어업으로 전환되며 독점화까지 이루었다. 하지만, 1930년대 이후 무분별한 어획으로 인해 어장이 황폐화되어 이리사촌의 고등어 어업은 점차 쇠퇴해 갔다.

〈자료 7〉 1920년대 장승포항 전경

「(2)장승포, 경계의 마을1」, 『거제뉴스광장』, 2014년 11월 24일

일본인 이주어촌 건설 이후 장승포항은 일본인 어선과 조선인 어업노동자들로 넘쳐났다.

14

'반어반농' 경영, 삼천포 에히메촌

경상남도 사천군 삼천포 동금리 팔장포(八場浦)에 일본인 이주어촌인 에히메(愛媛)촌이 들어서게 된 것은 야마모토 모모키치(山本桃吉, 이후 에히메촌 지도자로 선정)가 실제 통어를 통해, 이 일대가 남해안 굴지의 고등어 어장이라는 사실을 현에 알리면서였다. 에히메현은 1903년 일본 정부의 정책에 따라 조선 출어 어민들에게 어선 건조비, 식비 등을 보조하였는데, 이를 통해 건설된 이주어촌은 진해만, 삼천포, 거제도 등 총 6곳이었다. 이 중 에히메촌은 철저한 공동경영, 식량 확보 등을 통해 이주어촌 형성과 운영에 성공한 곳이었다.

이곳의 지도자 야마모토 모모키치는 우치도마리(內泊) 출신으로 15살부터 고등어 어업을 하였다. 이후, 땔감 판매업으로 자산가가 되었고 러일전쟁 중 촌장을 맡아 촌의 전반적인 행정을 담당하였다. 그가 조선으로 이주를 결심하게 된 것은 협소한 마을 어장을 대신하여 넓은 조선 어장을 이용해 촌민과 함께 안주하기 위함이었다.

> 1911년 5월, 완전히 잔잔해진 우치도마리의 포구를 야마모토 모모키치가 인솔하는 조선이주 제일진(第一陣)에 뜻을 둔 가족이 사정노(四丁櫓)의 배에 나누어 타고, 곧장 조선의 삼천포를 향해 출발하였다. 당시는 우치도마리에서 조선 삼천포까지 7일간의 항해였는데, 시모노세키에서 날씨를 살피고, 대마도를 들러 세토를 빠져나와 삼천포까지 돛과 노로 건넜다.
>
> _『西海町誌』, 392~393쪽(여박동, 2002, 『일제의 조선어업지배와 이주어촌 형성』, 보고사)

이처럼 조선의 바다를 기회의 장소로 생각한 야마모토를 비롯한 일본인들은 7일간의 여정 끝에 삼천포로 도착하였다. 에히메현에서는 건물 1호당 6할, 토지 3할을 보조하였다. 토지의 경우 당시 주인이 없었기 때문에 거의 돈이 들지 않았다고 한다.

에히메촌은 삼천포읍에 인접해 있었기 때문에 교육, 위생, 교통, 물자 확보, 어획물 처리 등이 매우 편리하였고, 인근에 위치한 조선인 마을로부터 노동력을 공급받는 등 입지 조건이 뛰어났다. 야마모토 모모키치는 이주어촌 경영 방침을 '반농반어'에 두며, 전 어민을 조합원으로 한 고등어 건착을 공동으로 운영하였다. 일본인들이 삼천포로 이주한 시기에는 일본에서 고등어 건착망어업이 도입되는 단계로 대부분 멸치 면고망으로 고등어 어업을 하다 보니, 어망을 펼치면 망 앞으로 물고기 떼가 빠져나가 잡을 수가 없었다. 이에 어민들은 면고망을 개량하여 고등어 어업을 하였다. 지금도 우도치마리에서 그물코가 3cm인 건착망 어구를 조선망이라 부른다고 한다. 이 외에 이주일본인들은 휴어기에 농사를 지었는

삼천포 에히메촌 모습
(요시다 게이치, 박호원 · 김수희 역, 『조선수산개발사』, 민속원, 2019, 280쪽)

데, 이러한 이주어촌의 운영 방식은 에히메촌의 발전 요인이 되었다.

에히메촌 거주자들은 삼천포 근해의 어장을 이용하면서 점차 방어진, 감포, 구룡포, 포항 등지로 진출하였다. 이들은 2~7월 사이에는 경상도에서 어업 활동을 하였고, 9~1월 사이에는 전라남도 거문도 어장에서 어획하였다. 일본 어민들과 함께 일하는 조선인들도 있었는데, 주로 잡일과 취사를 담당하였다. 월급은 1년 단위로 받았고, 풍어일 때는 수고비라는 명목으로 보너스도 받았다. 다만, 일본인이 얼마나 받았는지 확인할 수가 없어 민족별 임금을 비교할 수 없지만, 조선인은 1년에 24엔을 받았다고 한다.

1921년 말 어업 종사 상황은 호수 37호, 건착망 3통, 어선 15척, 경영자 수 34명으로 당시 경상남도 내 일본인 이주어촌 중 1인당 평균 최고의 이

윤을 올렸다. 그래서 삼천포 에히메촌 여자들은 가사를 전부 조선인에게 맡기고 화투를 치며 시간을 보냈고, 남자들 역시 매일 술을 마실 수 있었다고 전해진다. 나아가 고등어 건착망 수익을 통해 계속해서 토지를 구매하여 촌 자체적으로 반농반어적인 경영을 이어나갔다. 아울러 공동으로 구매한 토지 외에 개인 소유의 논밭이 수십 정보가 있었는데, 이곳은 조선인에게 소작을 주어 경영하였다.

그러나 1920년대에 들어 건착망어업이 범선에서 기선으로 전환되기 시작하면서 조선 각 연안의 고등어 어장에 많은 어선들이 몰려들었다. 이로 인해 고등어 풍어를 맞이했지만, 세계대공황 이후 수요가 줄어들면서 수입은 자연히 감소하게 되었다. 특히, 기선건착망이 시작될 즈음 에히메촌은 조난 사건으로 건착망 3총과 수십 명의 어민이 실종 당하는 악재를 겪음에 따라, 촌장 야마모토가 건착망을 운반선 상인에게 전부 매각하고 어업경영을 포기하였다.

한편, 삼천포 지역민과 이주일본인의 관계는 원만하지 않았던 것으로 보인다.

> 남선지방의 조선인의 악화는 요사이 더욱 심해지는데 경남 사천군(泗川郡) 삼천포(三千浦)에서는 소학아동을 만나 위해를 하는 일이 있어서 동지 일본인의 위험이 시시각각으로 핍박되어 일본으로 가는 자가 속속히 많이 집으로 심구일동디소학교에서 거주민 대회를 열고 자위책을 강구하고 안정 방법에 대하여 동(同) 지사(知事)에게 청원하기로 결의하였는데 재향군인단은 총기탄약을 사들이고자 한다더라.
>
> _「南鮮地方 위험, 삼천포에서 일본 아이를 길에서 만나면 위해를 하며」, 『매일신보』, 1920년 9월 25일

이처럼 삼천포 지역민이 일본인 아동을 위해하는 등의 상황이 발생하자 이주일본인들은 일본으로 돌아가거나 자위책으로 도지사에게 청원하는 것은 물론 총기 탄약을 사들여 무장하고자 하였다. 이주일본인에 대한 조선인의 대항이 적지 않았던 것이다.

15

보조이주어촌의 '성공' 사례: 통영 오카야마촌

한일병합 이전부터 일본어민과 상인들이 통영에 왕래하였고, 이들 중 개인 의사에 따라 지역에 정착하기도 하였다. 통영에 정착한 일본인의 효시는 1900년에 이주한 쓰시마 출신 야시마(八島)라는 사람이었다. 이후 1901년에 1명, 1902년에 7명, 1903년에 13명, 1904년에 60명의 일본인이 통영에 거주하였고, 한일병합 이후 그 수가 급격히 증가하더니 1914년 3월에는 총 2,270명이 정주하였다.

일본인 집단이주어촌은 통영 산양면 도남리[오카야마(岡山)촌], 산양면 신전리[토사(土佐)촌], 미수동[히로시마(廣度)촌], 원량면 사량도 등에 위치하였다. 이렇듯 일본의 각 현에서 통영을 이주어촌 근거지로 선정했던 이유는 무엇일까. 첫째, "만(灣) 내가 약간 넓어서 상당한 어선(漁船)을 정박할 만하고, 옛날부터 현재까지 조선 남부의 상공업지 또 어업의 중심지"로서 바다 수심이 얕고, 정박하기 쉬운 조건이기 때문에 인근 지역에서 나는 풍부한 물산이 통제영시기부터 집산되었다. 둘째, 통영은 천혜의 조건을 갖춘 제일의 어항이기 때문이었다. 일본인들은 통영의 자연환경에 대해 "산악이 중첩하고 농경지는 부족한 반면에 연안은 굴곡이 심하여 천연적인 좋은 어장과 어항이 많다. 그리고 조류가 대단히 양호한 관계로 어족이 서식하기에 적합하여 근해에는 무진장한 수산자원이 있다는 점에서 다른 곳과는 비교가 되지 않는다"라고 할만큼 어업에 매우 유리한 여건을 갖춘 지역임을 이미 파악하고 있었다.

이러한 통영에는 언급한 바와 같이 여러 일본인 이주어촌이 형성되었는데, 그 중 오카야마(岡山)촌은 보조이주어촌의 성공적인 사례로 손꼽히는 곳이었다. 오카야마현은 "오카야마현 어민들이 세토내해의 어장이 좁아 타지역의 어민과 충돌이 그치지 않았으며, 어업 기술의 진보가 현저하여 그것을 구사하여 어획고를 올리기 위하여 좁은 세토내해에서 와카야마 근해나 이세만으로 진출해 갔으나, 그 지역 어민과 알력이 생겨 마침내 조선 근해로 출어하기에 이르렀다"라고 하였다. 이와 같이 현민들의 어업 활동이 불리해지자, 조선해 통어 장려를 통해 어려움을 타개하고자 하였다. 다만, 왕복 시간과 이동 거리로 인해 어업 활동이 다소 부진하였는데, 이 문제는 조선에 어업근거지를 선정하여 가족 전체를 이주시킴으로써 해결하고자 하였다. 곧이어 러일전쟁 승리로 조선에 대한 일본의 발언권이 증대된 것을 기회삼아 오카야마현은 공식적으로 이주 정책을 추진하였다.

오카야마현은 현민의 이주를 적극 장려하였지만, 누구에게나 기회를 제공하지는 않았다. 현에서는 조선 연안에 성공적으로 이주어촌을 건설하기 위해 이주자에게 다음과 같은 조건을 제시하였다.

1) 만 2년 이상 오카야마현에 거주하고 또한 재적자(在籍者)일 것.

2) 연령 만 20세 이상 50세 미만의 신체 건강, 품행 방정하고 처자가 있는 자일 것.

3) 최근 2년 이상 어업에 종사하고 아내와 같이 이주할 수 있는 자일 것.

4) 선체 상부의 폭이 5척 이상의 어선을 소유한 자일 것.

_ 岡山縣, 1931, 『岡山縣水産一班』, 岡山市

이처럼 현민이 이주를 신청한다고 해서 무조건 이루어진 것이 아니라, 나이, 직업, 재산 등에서 자격을 제한하였다.

오카야마현은 제시한 조건을 갖춘 인물들을 선별하여 1907년부터 이주 사업을 시작하였고, 그 결과 1908년 통영군 산양면 도남리에 일본인 이주어촌 오카야마촌이 건설되었다. 오카야마촌의 일본인들은 동양척식주식회사로부터 자금을 대부받아 밭 2,373평, 논 1,067평을 구입하여 택지를 조성하였고, 일본식 장옥을 세웠다. 그리고 선박을 안전하게 접안하기 위해 마을 앞 해안을 매립하고 방파제를 축조하였다. 이로부터 20년 뒤인 1928년 7월 『동아일보』에 "도남리 고개를 넘어서면 태산을 등에 지고 바다를 품에 안은 오카야마촌이 보입니다. 멸치의 집산지로 유명하고 일본인이 많이 살기로도 이름 있는 곳이라 합니다. 즐비한 기와집이나 정제된 도로의 규모가 도(島)에서는 좀처럼 찾기 어려운 어촌입니다마는 90여 호나 되는 이곳에는 조선 사람의 집이 이십호 미만입니다."라는 기사가 실렸다. 20년이 지난 다음에도 여전히 많은 일본인이 거주하며 살기 좋은 주거공간을 갖추었을 만큼 이주어촌이 발전했음을 알 수 있다.

오카야마촌은 1910년 4월 하타겐안(波田兼晏)이 감독자로 부임하면서

보다 안정적으로 운영되었다. 그는 약 30년간 이곳을 경영하였다.

> 이주어촌 오카야마무라 건설을 위해 현(縣)에서 오카에모(江某)라는 사람을 촌장격의 관리자로 임명하였다. 그러나 이 관리자가 어느 해산(海産) 회사와 결탁하여 사리를 취하고자 권력을 남용하고 폭정하였다. 이주어민은 아직 조선해 어업 경험이 모자라고 생활도 안정적이지 않아 망향(望鄕)의 마음이 점점 커져가는 때에 이런 폭정에 시달리게 되어 드디어 모두 자포자기의 파국에 침륜(沈淪)하였다. 이런 추이에 직면한 현은 관리자 경질을 결의하고 농상무성에 의뢰해서 새 관리자를 선정하였다. 그때 선출된 사람이 하타켄안이었다. … 메이지 43년(1910) 4월 오카야마무라의 관리자로 명령받고 부임한 하타 씨는 붕괴와 건설의 기로에서 방황하는 이 이주어촌을 다시 만회하기 위해서 전력을 경주하기 시작했다. 확고한 신념 아래서 오카야마무라의 모든 시설이 순조로이 성장을 계속해 나갔다.
>
> _ 朝鮮水産會, 1931, 『朝鮮之水産』 133호, 朝鮮水産會

하타켄안이 감독자로 오기 전까지 오카야마촌은 제대로 운영되지 않았다. 그러나 그가 감독자로 취임한 이후, 학교, 우체국, 어업조합 등의 설비가 하나둘씩 구축되어 이주어촌으로서의 모습이 갖추어졌다. 이주어촌에서 감독자의 위치가 중요했음을 알 수 있다.

한편, 통영의 제반 산업에서 어업이 차지하는 비중은 "통영을 말하면 어업을 말하게 되고 어업을 말하자면 통영을 들지 않을 수 없는 만큼 통영은 해산의 웅도로서 단언 전 조선적으로 비견이 없을 만큼" 높았다.

〈표 5〉를 보면, 전업으로 하는 통영 군민(조선인)과 이주일본인 수는 각

〈표 5〉 1914년 12월 통영 군내 어업종사자 현황

		통영 군민		일본인		총계	
		호수	인구	호수	인구	호수	인구
어업	전업	432	**1,512**	364	**1,274**	796	2,786
	겸업	1,685	**4,132**	42	**47**	1,727	4,179
	종업원	2,310	6,930	1,200	3,000	3,510	9,930
수산물 제조업	전업	-	-	38	**95**	38	95
	겸업	-	-	-	-	-	-
	종업원	114	**342**	-	-	114	342
수산물 판매업	전업	-	-	24	**96**	24	96
	겸업	-	-	73	**292**	73	292
	종업원	382	**1,528**	16	48	398	1,576
합계	전업	432	1,512	426	1,465	858	2,977
	겸업	1,685	4,132	115	439	1,800	4,572
	종업원	2,806	8,800	1,216	3,084	3,922	11,848

통영사연구회, 2005, 『慶南統營郡案內』(1915년 刊行版), 통영사연구회, 29쪽

각 1,512명, 1,274명으로 큰 차이가 없었다. 다만, 조선인은 겸업자 수가 4,132명으로 전업자보다 2.7배가량 많았다. 이것은 통영의 지역 환경이 농토가 적은 상황이었기 때문에 농사만으로 생계를 이어나갈 수 없자, 어업을 병행하여 부족한 부분을 채워나간 것이었다. 이와 달리 이주일본인 중 농업 종사자는 199명으로 어업 전업자의 6분의 1에 불과하였다. 통영에 정착한 일본인들 대다수가 어업종사자였던 것이다.

수산물 제조업과 판매업에서 통영 군민은 전업자나 겸업자는 없고, 종업원으로 각 342명, 1,528명이 종사하였다. 이에 비해 이주일본인들은 수산물 제조업의 경우 전업자 95명만이 존재했으며, 수산물 판매원의 경우

전업(96명)과 겸업(292명)이 종업원(48명)보다 각 2배, 6배씩 많았다. 따라서 이주일본인은 제조공장이나 영업장을 운영하는 신분이었고, 조선인은 여기에 고용된 신분이었음을 알 수 있다.

수산물을 잡거나 채취하는 어획에 있어서도 조선인들에 비해 이주일본인들이 우세한 상황이었다(표 6).

통영 군민들은 갈치 40.6%(477,000관), 멸치 11.9%(139,919관), 미역 5.7%(67,450관), 조기 4.5%(52,766관), 돔 4.4%(51,222관) 순으로, 이주일본인들은 멸치 35.6%(1,473,273관), 대구 23.5%(973,180관), 삼치 9.9%(407,374관), 고등어 5%(207,828관), 상어 4.5%(185,169관) 순으로 어획량이 많아 민족별로 선호하는 어종이 달랐음을 알 수 있다. 또한, 통영 군민들은 상어, 넙치, 숭어 등의 어획량은 보이지 않았으나, 일본인들은 185,169관, 20,966관, 9,948관의 어획고를 보였다. 물론, 통영 군민들 역시 일본인들이 잡지 않는 망승어, 갯가재, 문어 등을 어획하였으나, 총 수량과 액수는 각각 1,174,334관, 559,050엔으로 이주일본인의 3분의 1에 불과하였다.

따라서 통영 군민들은 어업종사자 수(전업, 겸업, 종업원 포함)는 12,574명으로 일본인 어업종사자 수(4,321명)에 비해 3배나 많았으나, 어획고는 3분의 1에 불과하였다. 게다가 수산물 제조업과 판매업에서도 일본인이 전업과 겸업의 비중이 높은 것에 비해 통영 군민은 전부 종업원으로 고용된 신분이었다. 통영 군민(조선인)들이 어업 활동에서 이주일본인들에게 밀리는 상황이었던 것이다.

〈표 6〉 1914년 1월부터 12월까지의 통영군 내 종류별 어획고

민족 / 어종	통영 군민(조선인)		이주일본인	
	수량(관)	가격(엔)	수량(관)	가격(엔)
멸치	**139,919**	116,750	**1,473,273**	890,300
대구	33,340	116,174	**973,180**	39,659
고등어	-	-	**207,828**	326,350
삼치	2,295	1,554	**407,374**	62,342
돔	**51,222**	47,100	80,770	78,300
넙치	-	-	20,966	12,580
참장어	14,000	2,100	178,142	46,322
갈치	**477,000**	68,690	96,428	13,500
홍합	1,534	3,222	4,167	6,250
우뭇가사리	15,807	12,057	-	-
청각	39,521	56,404	-	-
은행초 · 행초	1,432	230	-	-
상어	-	-	**185,169**	19,750
미역	**67,450**	9,443	-	-
조기	**52,766**	76,067	51,244	14,352
갯장어	22,446	8,400	76,015	33,950
숭어	-	-	9,948	6,665
농어	2,230	1,580	-	-
가자미	1,849	824	14,320	7,160
민어	1,365	390	-	-
방어	-	-	2,251	1,125
대청조개	185	540	-	-

어종 \ 민족	통영 군민(조선인)		이주일본인	
	수량(관)	가격(엔)	수량(관)	가격(엔)
전복	8,270	5,375	5,072	3,850
소라	692	692	-	-
삼치	-	-	141,050	26,800
볼낙어	3,208	1,745	-	-
해삼	2,188	777	1,200	4,200
정갱이	-	-	28,823	12,685
해태	163	394	-	-
망승어	280	140	-	-
갯가재	7,150	4,462	-	-
문어	22,389	19,185	-	-
전어	1,816	545	42,000	12,600
감승어	-	-	1,287	1,053
가오리	3,138	596	10,427	2,086
학꽁치	3,000	1,050	6,000	2,088
불가사리	-	-	3,187	476
人手(미상)	-	-	2,311	1,401
게	2,216	652	-	-
牛舌(미상)	1,453	407	5,837	2,114
달강어	945	75	8,164	690
잡어	3,050	1,500	-	-
합계	1,174,334 (22.1%)	559,050 (23.0%)	4,135,611 (77.9%)	1,873,358 (77.0%)

통영사연구회, 2005, 『慶南統營郡案內』(1915년 刊行版), 통영사연구회, 28쪽

16

보조이주어촌의 '실패' 사례: 마산 지바촌

러일전쟁이 발발하자 일본 정부는 수산물을 군용 식량으로 이용한다는 방침을 발표하였다. 당시 수산물은 상인들이 각지를 돌아다니며 구입했기 때문에 수량이 부족한 상황이었다. 때마침 지바(千葉)현 지사 이시하라(石原)가 총리 가쓰라 다로(桂太郞)의 환심을 얻기 위해, 지바현 연안에서 어획량이 줄어든 것을 조사하면서 조선으로 현민을 이주시키는 안을 제안하였다고 한다. 곧이어 1904년 9월 28일부터 10월 5일까지 지바현 관리들은 마산을 방문하여 지바촌 건설을 계획하였다. 이 소식을 접한 마산 주재 일본 영사가 군사적 요충지인 마산에 이주어촌을 건설하는 것에 대해 반대하였으나, 지바현 관리는 '어떠한 어려움이 있어도 반드시 좋은 결과를 기대한다.'라며 강력한 추진 의사를 드러냈다.

마산에서 관리들이 돌아오자, 이시하라 지사는 1904년 11월 근거지 건설 계획안을 의회에 제출하였다. 하지만 의원들은 어떠한 목적으로 이주어촌을 계획하는 것이냐며 반대하였다. 이에 지사는 '무진장이라고 말할 정도로 자원이 많은 한해 어업에 참가하려면 이주적 어업을 하지 않으면 안 된다.'라며, 조선해의 수산자원 확보를 위해 이주가 동반되어야 한다고 답하였다. 그리고 수산조합 관계자들과 임시회의를 열어 이주어촌 건설 계획안을 추진하며 15조로 구성된 조선어업근거지 이주규칙을 정하였다.

제4조 어업근거지에 이주하려고 하는 자는 다음과 같은 자격을 갖춘 자에 한한다.

(1) 만 22세 이상의 남자로 품행 방정하고 신체 강건한 자.

(2) 최근 3년 동안에 어업에 종사한 자.

(3) 만 5년 이상 이주할 것.

(4) 본인은 물론 가족, 종업원 중에서 전과자가 없을 것.

제5조 배를 만드는 목공, 어구 제작인 등은 어업상, 근거지 경영 발전상 특정의 기능을 가진 자는 평의원의 협찬을 걸쳐 이주시킬 수 있다.

_ 김수희, 2010, 『근대 일본어민의 한국진출과 어업경영』, 경인문화사

이주자는 22세 이상의 남자로서 어업에 종사해본 경력이 있고, 이주근거지에 5년 이상 정착이 가능하며 전과기록이 없는 사람들로 선정하고자 했다.

1905년 5월 제1진 35명이 마산으로 이주하였다. 이주자에게 도항비로 1인당 11엔 7전, 식비는 1인당 1일 2엔의 계산으로 2개월의 식비와 이주 준비금을 제공하였다. 마산 어업근거지에는 가로 약 14m, 세로 약 6m

의 양철지붕 1동과 가로 5.4m, 세로 2.7m의 공동 부엌과 욕실을 건축하였다. 또한, 통감부로부터 논 7정보, 밭 3정보 7반, 황무지 4정보 4반과 산림 등을 합쳐 총 31만 285평을 임대받았다. 그러나 지바촌의 운영은 원활하지 않았다. 그것은 지바촌의 일본인들이 어선 10척과 양조망(揚繰網), 권현망(權現網) 등을 가지고 멸치어업을 통해 생계를 유지하고자 했으나, 마산에 위치한 멸치어장이 이미 선점되거나 난획되어 생각만큼 어업활동이 이루어지지 못했기 때문이었다.

1905년에 35명이 이주·정착한 이후 1906년에는 96명, 1908년에는 41명으로 이주민 수가 확연히 늘지 않았다. 그 이유는 생각보다 어획량이 적어 생계유지가 힘들었던 것도 있었지만, 1906년에 이주민 중 60명이 각기병에 걸려 12명이 사망한 사건이 결정적이었다. 이에 지바현에서는 상황을 수습하기 위해 감독자를 교체하고 어촌경영 방식을 변경하였다. 기존의 공동어업 방식에서 개인어업으로 변경하여 개인이 어선, 어구 그 밖의 필수품을 대여하고 이익이 생길 경우 본인이 소유할 수 있도록 지도하였다. 이후 어업경영은 순조롭게 진행되는 듯 보였으나, 1909년 현의 보조금 분배를 둘러싸고 감독자와 이주민 간에 싸움이 벌어져 감독이 살해당하는 사건이 발생하면서 이주어촌 운영이 다시 힘들어졌다.

1915년 지바현 의회는 마산의 지바촌을 시찰하였다. 당시 보고서에 의하면 이주민들은 농업과 근해어장에서 영세어업을 하고 마산 시내에서 노역에 종사하며, 겨우 생계를 유지했다고 한다. 결국, 1921년 3월 지바현은 지바촌을 정식으로 해산하였다.

이처럼 10장부터 16장까지는 조선에 건설된 일본인 이주어촌을 살펴보았다. 일본인 이주어촌 형성은 일본 본토의 어장이 고갈되고 인구가 급

마산 지바촌
(요시다 게이치, 박호원 · 김수희 역, 2019, 『조선수산개발사』, 민속원, 383쪽)

증함에 따라 일본 어민들의 생계가 불안정해지자, 이를 타개할 방책으로 시행되었다. 특히, 러일전쟁 승리 이후 조선에 통감부가 설치되면서, '자신들의 영구한 이익'을 위해 일본인의 이주가 적극 장려되었다. 이주 일본인들은 조선으로 건너와 일본 마을과 다름없는 이주어촌을 건설하며 새로운 기회, 일확천금 등의 꿈을 이루고자 하였다. 실제로 이주일본인 중에는 부를 쌓아 조선인을 사무원, 종업원, 가정부로 고용하며 지내기도 하였다. 일본인 이주어촌이 형성된 지역의 조선인과 일본인은 하나의 행정구역에 속하였으나, 민족별 주거지, 교육 기회, 임금 등에서 차이가 났다. 일본인 이주어촌은 이주일본인에게 새로운 '기회의 장소'였지만, 조선인에게는 오히려 '민족차별의 장소'였던 것이다.

17

조선총독부의 '어업령' 제정과 조선 어업의 변화

일제는 조선을 병합한 이후 산업 전반에 거쳐 식민지적 수탈을 자행하기 위해 각종 법령을 제정하였다. 특히, 수산업의 경우 일본인의 무차별한 어획으로 인해 더 이상 일본 본토 연해에서 어획량이 확보되지 않자, 조선해의 중요 어장 및 어항을 개발하여 이를 대신하고자 하였다. 조선총독부는 1911년 6월 3일 어업령(漁業令, 법령 제30호)을 공포하여 1912년 4월 1일부터 시행하였다. 본 법령은 1909년 4월에 제정되어 1911년 4월부터 실시된 일본의 메이지어업법을 답습한 것이었다. 다만, 메이지어업법이 73개조로 조성된 것에 반해 총독부의 어업령은 35개 조항(28개 조문, 7개 부칙)으로 구성되었다.

본 법령과 함께 어업령시행규칙도 실시되었는데, 해당 시행규칙에 근거하여 면허어업은 6종류, 허가어업은 9종류로 분류되었다.

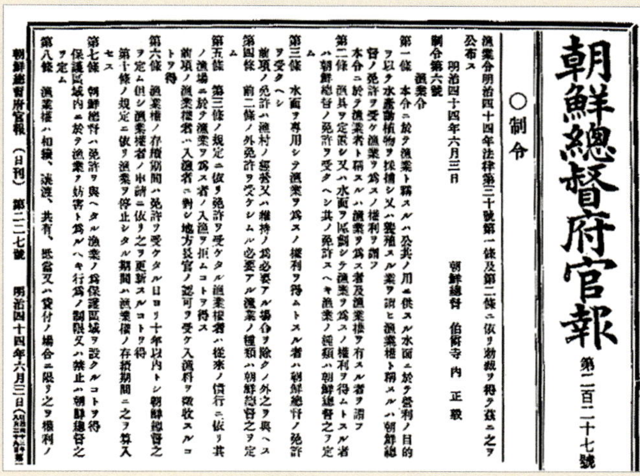

朝鮮總督府官報 第二百二十七號

○制令

漁業令明治四十四年法律第三十號第一條及第二條ニ依リ勅裁ヲ得テ茲ニ之ヲ公布ス

明治四十四年六月三日 朝鮮總督 伯爵 寺内正毅

制令第六號

漁業令

第一條 本令ニ於テ漁業ト稱スルハ公共ノ用ニ供スル水面ニ於テ營利ノ目的ヲ以テ水產動植物ヲ採捕シ又ハ養殖スル業ヲ謂ヒ漁業權ト稱スルハ朝鮮總督ノ免許ヲ受ケ漁業ヲ爲スノ權利ヲ謂フ

本令ニ於テ漁業者ト稱スルハ漁業ヲ爲ス者及漁業權ヲ有スル者ヲ謂フ

第二條 漁具ヲ定置シ又ハ水面ヲ區劃シテ漁業ヲ爲スノ權利ヲ得ムトスル者ハ朝鮮總督ノ免許ヲ受クヘシ其ノ免許スヘキ漁業ノ種類ハ朝鮮總督之ヲ定ム

第三條 水面ヲ專用シテ漁業ヲ爲スノ權利ヲ得ムトスル者ハ朝鮮總督ノ免許ヲ受クヘシ

前項ノ免許ハ漁村ノ經濟又ハ維持ノ爲必要アル場合ヲ除クノ外之ヲ與ヘス

第四條 前二條ノ外免許ヲ受ケシムル必要アル漁業ノ種類ハ朝鮮總督之ヲ定ム

第五條 第三條ノ規定ニ依リ免許ヲ受ケタル漁業權者ハ從來ノ慣行ニ依リ其ノ漁場ニ於テ漁業ヲ爲ス者ノ入漁ヲ拒ムコトヲ得ス

前項ノ漁業權者ハ入漁者ニ對シ地方長官ノ認可ヲ受ケ入漁料ヲ徵收スルコトヲ得

第六條 漁業權ノ存續期間ハ免許ヲ受ケタル日ヨリ十年以內トシ朝鮮總督之ヲ定ム但シ漁業權者ノ申請ニ依リ之ヲ更新スルコトヲ得

第十條ノ規定ニ依リ漁業ヲ停止シタル期間ハ漁業權ノ存續期間ニ之ヲ算入セス

第七條 朝鮮總督ハ免許ヲ與ヘタル漁業ノ爲保護區域ヲ設クルコトヲ得

保護區域內ニ於テ漁業ノ妨害ト爲ルヘキ行爲ノ制限又ハ禁止ハ朝鮮總督之ヲ定ム

第八條 漁業權ハ相續、讓渡、共有、抵當又ハ貸付ノ場合ニ限リ之ヲ權利ノ

朝鮮總督府官報 (日刊) 第二二七號 明治四十四年六月三日

조선총독부관보 - 어업령 공포(1911. 6. 3)
[『조선총독부 - 관보』(제227호 1911년 6월 3일), 1면]

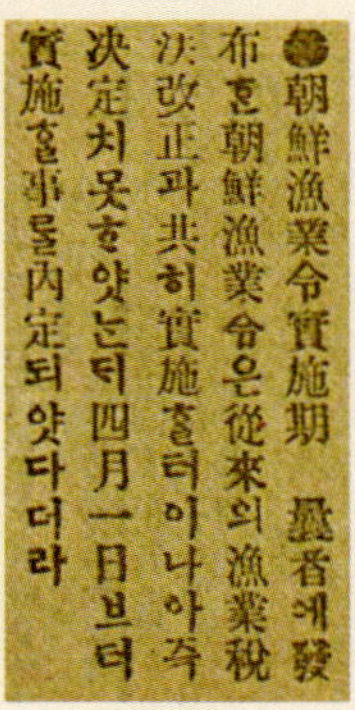

朝鮮漁業令實施期 曩者에發布ᄒᆞᆫ朝鮮漁業令은從來의漁業稅法改正과共히實施ᄒᆞᆯ터이나아즉決定치못ᄒᆞ얏는ᄃᆡ四月一日브터實施ᄒᆞᆯ事를內定되얏다더라

조선어업령실시기. 지난번에 발포한 조선어업령은 종래의 어업세법개정과 공(共)히 실시할 터이나 아즉 결정치 못하얏는데 4월 1일부터 실시할 일이 내정되얏다더라.

조선어업령 시행 내정에 관한 신문 기사
(「조선어업령실시기」, 『매일신보』, 1912년 1월 14일)

제17조 면허어업(免許漁業)을 분류하여 아래 6종으로 한다.

1. 제1종 면허어업 : 일정의 수면에 어구를 건설하거나 또는 부설해서 일정한 어업기간 동안 정치(定置)하는 어업
2. 제2종 면허어업 : 일정의 수면을 구획해서 양식을 하는 어업
3. 제3종 면허어업 : 해변 일정의 장소에서 일정의 어업기간 반복하여 어망을 예양(曳揚)하거나 또는 예기(曳寄)하는 어업
4. 제4종 면허어업 : 일정의 수면에서 일정의 어업기간 반복하여 어망을 건설 또는 부설하여 행하는 어업
5. 제5종 면허어업 : 일정의 수면에 어류를 집합하게 하는 설비를 경영하는 어업
6. 제6종 면허어업 : 전 각호에 게재된 것을 제외하고 수면을 전용하는 어업

제26조 허가어업(許可漁業)을 분류하여 아래 9종으로 한다.

1. 제1종 허가어업 : 포경업
2. 제2종 허가어업 : 트롤어업
3. 제3종 허가어업 : 잠수기 어업
4. 제4종 허가어업 : 고래족 이외의 해수어업
5. 제5종 허가어업 : 풍력·조류 또는 나선추진기(螺旋推進器)에 의하여 어선을 운항하고 낭망(囊網)을 인예(引曳)하는 어업 (트롤어업을 제외)
6. 제6종 허가어업 : 해변에서 장소를 정하지 아니하고 어망을 예양 또는 예기하는 어업 및 하호(河湖)에서 어망을 예양하거

나 또는 예기하는 어업

7. 제7종 허가어업 : 어선에 의해 낭망을 장치하고 또는 이를 조기(繰寄)하는 어업
8. 제8종 허가어업 : 어망으로 어류를 둘러싸 포위(圍繞)하고 망거(網裾)를 끌어 묶거나 또는 들어 올려 하는 어업
9. 제9종 허가어업 : 어망을 펼치거나 흐르게 하여 어류를 망목(網目)에 꽂히게 하거나 또는 얽히게 하는 어업

_『조선총독부-관보』(제227호 1911년 6월 3일), 23~24면

어업령과 시행규칙이 시행되면서 기존의 어업권을 인정하지 않았기 때문에 조선인이 소유하던 유망한 어장과 왕실 소유 어장이 일본인에게 넘어갔다. 총독부가 어업령과 연관 법령을 통해 조선의 어업 전반에 걸친 권한을 독점함으로써 조선인의 어업 활동과 기회마저 박탈한 것이다.

한편, 어업령 제16~19조에 따라 어업조합, 수산조합 설치가 인정되면서 개인이 아닌 어업조합에 어업권이 임차되었다.

어업령 중 어업조합 설립 및 역할에 관한 조항

제16조 일정 지구(地區) 내에 거주하는 어업자는 조선총독의 허가를 받아 어업조합(漁業組合)을 설립할 수 있다.

제17조 어업조합은 어업권을 취득하거나 또는 어업권을 대부받아 조합원의 어업과 관련된 공동시설을 위함을 목적으로 한다. 어업조합은 스스로 어업을 할 수 있다. 조합원은 어업조합으로부터 취득하거나 또는 대부를 받은 어업권 범위에서 각자 어업할 권리

를 가진다. 단, 조합규약으로 별단(別段)의 규정을 설정할 수 있다.

제18조 어업자 또는 수산물의 제조 혹은 판매를 업으로 하는 자는 수산업의 개량발달, 수산동식물의 번식 보호, 기타 수산업에 관한 공동의 이익을 도모하기 위해 조선총독의 허가를 받아 수산조합(水産組合)을 설립할 수 있다.

제19조 어업조합 및 수산조합은 법인으로 한다. 그의 설립, 관리, 감독, 기타 필요한 사항은 조선총독이 정한다.

_『조선총독부 - 관보』(제227호 1911년 6월 3일), 1면

총독부는 어업조합 설립에 관해 "원래 어업자는 지식과 기능이 낮고 자금력이 빈약한 자가 많기 때문에 이의 발전을 위해서는 조합 · 협동의 힘에 의존하는 것이 가장 유용하다."라고 하여 조합 설치를 권고했으나, 결국에는 조선 어민들의 어업조합 가입을 의무화하여 통제코자 한 것이었다. 반면 일본 어민에 대해서는 조합의 보호와 장려 아래 자금을 제공하며, 이들의 성장을 지원하였다. 나아가 어업령 제16조와 제18조에 근거하여 1912년 어업조합규칙과 수산조합규칙이 제정 · 공포되었다. 이를 바탕으로 조선수산조합이 설립되었는데, 이것은 종래의 조선해수산조합(1903년 조직)이 개편된 것이었다. 해당 조합의 조합원은 조선인과 일본인을 대상으로 하였으며, 부산에 본부, 각 도에 지부를 설치하였고 주요지에 출장소를 두었다.

1929년 1월 26일 기존의 어업령을 대신하여 조선어업령이 공포되었다(1930년 5월 1일 시행). 당시 어법, 어구 등의 변화와 어선의 동력화 등으로 어업 생산량이 증가하여 법령 재정비가 요구되었기 때문이다. 조선어업령은

어업령보다 49개의 조항이 많은 총 84개의 조항으로 구성되었다.

주요 개정 내용은 적용 수면 확장, 어업권 성격 재확립 및 존속기간 확대, 외국인에 대한 어업권 제한, 어업조합 운영 강화 등이었다. 이러한 조선어업령은 우리나라의 광복 이후 수산업법이 제정되는 1953년까지 존속되었다.

〈자료 8〉 조선총독부의 '어업조합 설립 장려' 관련 신문 기사

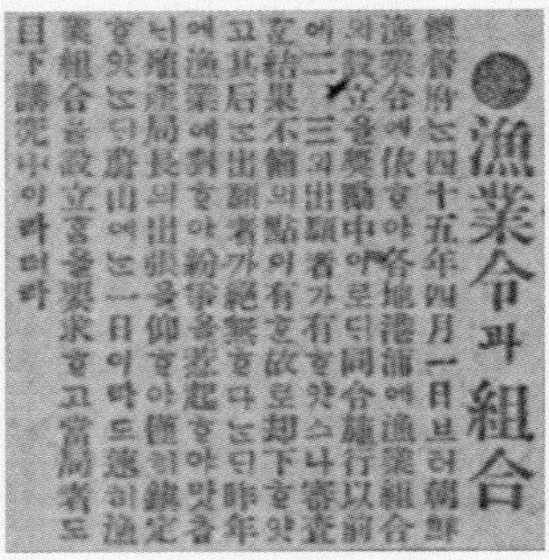
漁業令과 組合

어업령과 조합
(「어업령과 조합」, 『每日申報』, 1913년 1월 19일, 2면)

총독부는 45년 4월 1일부터 조선어업령에 의하야 각지 항(港)포(浦)에 어업조합의 설립을 장려 중이로데 동 령(令) 시행 이전에 2, 3의 출원자가 유(有)하얏스나 심사한 결과 불비(不備)의 점이 유한 고로 각하(却下)하얏고 그 후는 출원자가 절무하다는데 작년에 어업에 대하야 분쟁을 야기하야 마침내 식산국장의 출장을 앙(仰)하야 겨우 진정(鎭定)하얏는데 울산에는 1일이라도 속히 어업조합을 설립함을 요구하고 당국자도 목하 강구 중이라더라.

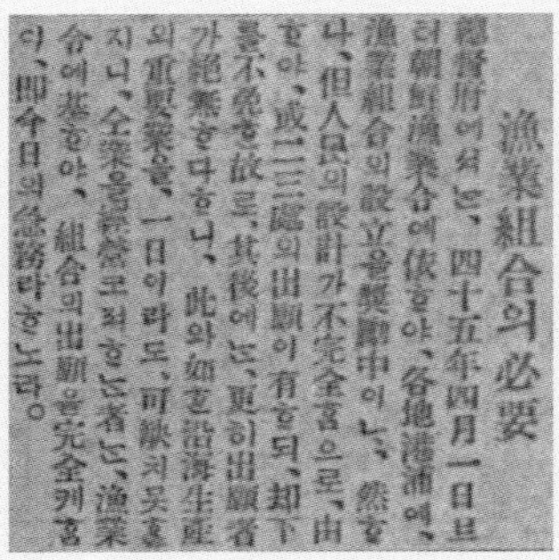
漁業組合의 必要

어업조합의 필요
(「어업조합의 필요」, 『每日申報』, 1913년 1월 22일, 1면)

총독부에서는 45년 4월 1일부터 조선어업령에 의하야 각지 항 포에 어업조합의 설립을 장려 중이나 연(然)하나 다만 인민의 설계가 불완전함으로 유(由)하야 혹 2, 3처(處)의 출원이 유(有)하되 각하를 면하지 못한 고로 그 후에는 다시 출원자가 절무하다 하니, 이와 여(如)한 연해 생산의 중요업을 1일이라도 가결치 못할지니, 동업(仝業)을 경영코져하는 자는 어업령에 기(基)하야 조합의 출원을 완전케 함이 즉(即) 금일의 급무라 하노라.

〈자료 9〉 '일본인 어업조합에 어업권 집중과 이에 대한 조선인의 대응' 관련 신문 기사

조선총독부는 어업령과 동 시행규칙 제정·공포를 통해 어업조합 설립을 장려하여 각 지역 연해를 효율적으로 통제하고자 하였으며, 어업권을 일본인 어업조합에 집중시켰다. 이러한 부당한 상황에 대해 조선인들은 어민대회 개최, 진정서 제출 등 적극적인 자세로 해결코자 하였다.

다음 사례는 통영군의 '어업권 분쟁'에 관한 건이다. 일제강점기 통영군에는 남포(南浦)어업조합(1914년 9월 설립), 한산면(閑山面)어업조합(1914년), 히로시마(廣島)온망조합(1919년 8월), 동항(東港)어업조합(1921년 11월) 등이 설립되었다. 이 중 일본인 조합원만으로 구성된 히로시마온망조합이 어업권을 대부분 차지하면서, 통영 지역민(조선인)들은 불공정한 상황에 놓이게 되었다.

통영군의 수만 어업자와 광도현온망어업조합 대어업권 취득 문제로 인하야 어업자 대회의 결의대로 도당국에 진정(陳情)한 진정률, 허기엽, 장심상, 김정래, 사씨는 지난 십삼일 수등(須騰) 경남지사 및 죽내(竹內) 내무부장을 방문하고 대회석상에서 결의한대로 진정하였다는바 이에 대하여 상택(相澤) 수산과장은 말하되 이 여러 가지 진정서 중 상당한 이유에 해당된 사건은 그 내용 여하를 조사하여본 후가 아니면 확답할 수 없으나 될 수 있는 데로 지원주민(地元住民)에게 허가할 방침이다라고 말하였다더라.

_「可及範圍에서 地元住民에 許可 통영어업권문데로 인하야 相澤水産課長言明」, 『동아일보』, 1929년 8월 16일

지난 2일 통영군에서 어업권옹호문제로 어민대회에서 결의한 사항을 실행하기 위하야 동 대회의 대표 진정위원(陳情委員)인 진정률, 허기택, 최인계, 장필상, 김승태 5명이 13일에 경남도청에 출원하야 수등(須藤)지사 죽내(竹內)내무부장 상택(相澤)수산과장을 방문하고 좌의 건의서를 제출한 후 이의 실시 방안을 진정하였다.

이에 대하여 도 당국에서는 신중 고려하겠다 하였는데 그 건의서는 총독부 당국에 제출하였다더라.

일. 히로시마어업조합이 현재 유(有)한 면허장 삼백삼십팔개소(所) 이상은 절대로 불허할 일.

이. 면허는 될수잇는대로 ○원민(元民)에게 허(許)하야 세민(細民)에게 허하야 세민어업자의 생활 안정을 여(與)할 일.

삼. 히로시마 어조원(漁組員)으로써 자기가 어업을 경영하지 않고 어업허가서를 임대 또는 매도하는 자에 대하야는 그 허가를 취소하고 이를 임대인 또 매수할 실제 어업에 여할 일.

사. 허가제한을 주장할 일.

오. 진해만(鎭海灣) 내에 있는 약분기(鰯焚寄)어업 금지 제한을 폐지할 일.

육. 건착망어업의 허가 구획 제한을 경남 일원으로 할 일.

칠. 금회 위반한 어업자에 대하야 관대한 처분을 불(不)할 일.

_『동아일보』, 1929년 8월 17일

어민대회의 주요 목적은 '일본인들에게 치우친 어업권을 공평하게 나누자.'는 것이었다. 이를 위해 히로시마온망어업조합에 더 이상 어업권을 불허하지 말 것이며, 지역 어민 그리고 세민들에게 어업권을 허가하여 그들의 생활을 안정시키자고 주장하였다. 나아가 통영지역민들은 어업자대회의 결의서를 경남지사, 내무부장에게 전달하며 자신들의 뜻을 관철시키고자 적극적으로 행동하였다.

18

수산물 증산에 필요한 인력 확보와 수산학교 설립

조선총독부는 1911년 6월 어업령 공포를 통해 조선의 어업을 장악하는 한편, 은사금사업이라는 명목 아래 어업전습소, 수산학교 등을 설립하였다. 이는 일정 기간 어민들을 지도하여 인력을 확보하고, 어선, 어구 등의 구입을 위한 보조금을 지원하여 수산물 증산을 도모하기 위함이었다.

어업자에 대한 직접의 지도 장려는 주(主)하야 지방청으로 하여금 차(此)에 당(當)케 하고 지방청은 지방비 또는 임시은사금으로써 어장, 제조, 양식에 관한 각종 시험 및 전습(傳習), 어구, 어선의 배부, 대부 또는 그 구입비의 보조, 어업자금 대부, 제조양식업의 지도 장려, 수산 강화 등의 시설을 행하고 겸하야 어업자의 부업 또는 근검저축을 장려하고 1면(面) 내지인 어업자의 이주를 장려하는 등 예의(銳意)로 사업(斯業)을 발전을 기한 바이라.

_「조선어업령 實施期」, 『매일신보』, 1920년 12월 1일

1920년 통영수산전습소. 1917년에 설립되어 1923년 통영공립수산학교로 개편
(「한국 최고(最古) 수산교육의 역사 1917~2017」, 『한산신문』, 2017년 4월 13일)

통영공립수산학교 제1회 졸업사진(1924)
(「한국 최고(最古) 수산교육의 역사 1917~2017」, 『한산신문』, 2017년 4월 13일)

나아가 총독부는 어업전습을 강조하며, 수산기술원을 배치하고 계절적으로 어업전습소를 개설하여 어민을 지도하고 수료자에게 어선 및 어구 구입을 위한 보조금을 지원하였다. 이와 같은 행보의 최종 목적은 조선의 수산물을 증산하여 수탈하기 위함이었다.

일제강점기에 수산(水産) 교육은 1911년 은사수산금을 통해 경상남도 통영과 삼천포 등에서 계절적으로 어업전습소가 운영되면서 시작되었다. 이후 1915년 군산공립농공업학교 내에 간이수산학교(簡易水産學校)가 신설되면서 제도교육으로 실시되었다. 간이수산학교 창립 초기에는 어업을 천시하는 사회적 분위기로 인해 지원자가 적었다. 그래서 학교 교장과 전라북도 수산주임 등이 환등기를 들고 순회하며 수산에 대한 인식을 고취시키고 수산학교 지망을 직접 권유하였다. 또한, 간이수산학교 졸업자에게 어선과 어망 등을 지원하여 어촌 지도자로 양성하고자 하였다.

1917년 4월 여수공립보통학교에 여수공립간이수산학교가 부설되었다. 전라남도 당국에서 여수에 수산학교를 설치하고자 한 것은, 이곳이 남해안 수산업 중심지로서 수산자원이 풍부했기 때문이었다. 여수공립간이수산학교는 1921년 4월 여수공립수산학교로 승격될 때까지 4년 동안 운영되었다. 이 학교의 교육은 주로 일본인 교원이 담당하였고, 수산과목으로 어로, 제조, 양식, 수산 법규 등을 가르쳤다. 또한, 어로 실습으로 노 젓기, 그물 짜기, 조어(釣魚) 등을 하였고, 제조 실습으로 일본인이 경영하는 통조림 공장을 견학하였다.

한편, 기존 간이수산학교의 교육 기간과 과정만으로 수산방면 인력 양성이 쉽지 않자, 수산교육 강화가 촉구되었고 그 결과 2년제 수산학교가 설립되었다.

〈표 7〉 1929년 말 공립수산학교 현황

학교별	학급 수	직원 수				생도 수		생도 이동								경비 (원)
		조	일	외	계	조	일	입학자		졸업자		퇴학자		사망자		
								조	일	조	일	조	일	조	일	
여수 수산학교	3	-	6	-	6	78	-	35	-	25	-	-	-	-	-	19,974
통영 수산학교	3	1	5	-	6	73	3	39	1	17	2	12	2	-	-	35,733
용암포 수산학교	2	-	3	-	3	44	-	22	-	21	-	3	-	-	-	11,499

『朝鮮總督府統計年報』, 1929년도 판
* '조'는 조선인, '일'은 일본인, '외'는 외국인이다.

재작십팔일까지 삼일동안이나 열니엇든 도시학관회의(道視學官會議)는 동일정오까지에 종요되엇는데 그 회의에서 논의된 것은 실업교육진흥에 관한 것을 중심으로 하얏섯다하며 그 지시사항은 전부 십륙항 중 실업교육에 관한 지시사항이 네가지인바 더욱이 수산방면의 교육 시설을 다른 실업에 비하야 적지안은 손색이 잇는 고로 그 방면의 시설을 충실히 하기위하야 특히 협의하얏스며 총독부측에서도 이에 대한 시설은 충실히 하기위하야 극력 알선하기로 되엇다 더라.

_「實業教育에 置重 水產教育獎勵」, 『동아일보』, 1927년 6월 20일

일제강점기 실업교육은 농업, 상업, 수산 분야로 구분했는데, 농업학교와 상업학교 중심으로 이루어지다 보니 수산교육과 수산시설의 비중이 낮았다. 총독부는 이러한 상황을 인지하며 수산교육 시설을 보완하고자 하였다. 1929년 말 공립수산학교 현황은 〈표 7〉과 같다.

1929년 당시 공립수산학교는 어획과 어선 정박 등에 용이한 여수, 통영, 용암포에 설립하였다. 학급 수는 여수수산학교와 통영수산학교가 3개, 용암포수산학교가 2개였다. 직원은 일본인, 생도는 조선인이 다수를 차지하였는데, 이를 통해 일본인이 수산교육을 주도하였음을 알 수 있다. 수산학교를 졸업한 생도들은 주로 수산업에 종사하였다. 군산공립간이수산학교 제1, 2회 졸업생의 진로를 살펴보면 관공서 5명, 회사 1명, 농업 2명, 수산업 21명으로 수산 종사자가 72.4%(총 29명)를 차지하였다. 일제는 수산교육을 통해 실제 수산 분야에 종사할 수 있는 인력을 확보코자 한 것이다.

19

수탈을 위한 연구기관, 수산시험장 설치

1921년 5월 조선총독부는 '조선에 맞춘 어업 개발로 전환하여 발전을 도모한다.'라는 명분 아래 수산시험장관제(칙령 제200호)를 발포하였다. 관제에 규정된 조선총독부 수산시험장(水産試驗場) 취급 사무는 첫째, 수산에 관한 시험 및 조사, 둘째, 수산에 관한 분석(分析) 및 감정(鑑定), 셋째, 양식용 종묘(種苗)의 배부, 넷째, 수산에 관한 강습(講習) 및 강화(講話)였다. 이를 수행하기 위해 부산에 수산시험장을 설치하였다.

> 한층 그 성적을 확실 또 현저히 얻기 위해 이제 수산시험장의 설비를 요구하는 장소로서 시험장의 위치는 경상남도의 내에 있어서 적당의 개소(個所)를 선택해서 설치하고 동해 및 서해안에는 시험 조사의 종류에 응하여 그 시설을 편의한 군데를 선정하고 수시(隨時) 출장소 또는 지소 설치를 예산한다.
>
> _「조선수산시험장의 신설진행여하」, 『부산일보』, 1914년 12월 25일

조선총독부 수산시험장
(요시다 게이치, 박호원 · 김수희 역, 2019, 『조선수산개발사』, 민속원, 574쪽)

총독부는 관제를 공포하기 전인 1914년에 수산시험장 설치의 중요성을 피력하며, 적당한 위치를 이미 모색하고 있었다. 총독부가 부산에 건설한 수산시험장은 부지 약 3만 km^2, 총 건평 2,750km^2 규모였다. 각종 실험시설과 표본실 및 도서실 등을 갖추었으며, 시험선(試驗船)도 3척이나 있었다. 직원은 장(長) 이하 40여 명이 근무하였고, 해마다 각종 연구 조사를 실시하여 그 성과를 보고 · 발표하였다. 이후 인천, 군산, 목포, 청진 등으로 수산시험장 설치가 확장되었다.

1936년 5월, 총독부와 각 도의 수산시험장 장이 모여 열린 회의에서 식산국장은 "동해안에서는 장래 연해주 방면으로의 진출에 대비하여야 할 이유를, 남해안에서는 어장의 유지 보호를 위해 한층 집약적인 생산 증가 도모를, 서해안에서는 어획물의 운반 판매에 대해 그 개선책과 지방의 어민에게 연안어업의 합리적인 경영을 장려할 것" 등을 지시하였다. 이는 계속해서 수산시험장을 활용하여 조선에서 어획물 생산 증진과 확보에 힘쓰겠다는 것이었다.

이러한 수산시험장에 대해 요시다 게이치는 『조선수산개발사』에 "조선 수산업이 명실공히 큰 발전을 이뤘던 근본 원인의 하나는 이런 각종 수산조사시험기관의 끊임없는 연구 노력의 사물(賜物)"이라 기록하며, 그 역할을 크게 부각하였다. 하지만, 총독부에서 수산시험장을 설치하여 조선의 어획량과 어업 기술 향상을 도모했던 것은 결국 일본 본토에 필요한 수산자원을 수탈하기 위함이었다는 것을 간과할 수 없다.

20

조선총독부의 수산자원 공업화와 수탈: 어유 생산과 정어리어업 통제

조선에서 어유(魚油)는 일본 어민들이 비가 와서 멸치를 건조시키지 못했거나, 질이 떨어지는 멸치가 어획되었을 때 생산하기 시작하였다. 여기서 어유란 고래, 정어리, 청어 등의 물고기에서 짜낸 기름을 말한다. 이 중에서도 특히 조선해에서 어획량이 많은 것은 정어리였다. 정어리의 기름(鰮油)과 찌꺼기(鰮粕)를 경화유(硬化油), 비료 등으로 재생산할 수 있었기 때문에 일본 본토로의 이출량이 계속해서 증가한 영향이었다.

일본이 정어리 기름에 주목하게 된 것은 스즈키(鈴木)상점에서 이를 활용하여 경화유로 개발하면서부터이다. 스즈키상점은 독일에 어유를 수출하던 곳으로서, 고체형 우지류(牛脂類)가 부족하다는 점에 착안하여 고래, 청어, 정어리 기름을 활용한 경화유 공업에 뛰어들었다. 이때부터 어유가 우지와 마찬가지로 화약을 비롯하여 비누, 양초, 마가린, 방적, 비료,

근거지에 대기 중인 정어리 건착어선들
(요시다 게이치, 박호원 · 김수희 역, 2019,『조선수산개발사』, 민속원, 474쪽)

어대진에 쌓여있는 정어리와 어유
(요시다 게이치, 박호원 · 김수희 역, 2019,『조선수산개발사』, 민속원, 530쪽)

각종 글리세린 제조 화장품 등의 산업에 필요한 '공업용 원료'로 이용할 수 있게 되었다. 따라서 일본의 경화유공업이 발전하는 1924년 이후 조선에서 생산되는 어유의 80% 이상(1927년 생산량 32,316톤, 이출량 27,698톤, 1929년 생산량 44,250톤, 이출량 36,342톤)이 일본 본토로 이출되었다.

1929년 세계 대공황으로 어유 및 경화유 소비가 감소하자, 정어리 어장 연관 종사자들은 직접적인 타격을 입었다.

> 각지의 민심 동요하여 일시 작업 중지를 하였지만 어업자금이 융통된 관계로 점차 취업하고 있지만, 지금 휴업하고 있는 자가 상당히 있다. 금후 사태 중대할 것으로 보인다. … 경찰국에서는 조선 정어리 제조업이 중지되는 상태가 되면 어부, 노동자가 실직을 당한다. 이 방면의 대책을 고심하고 있다.
>
> _ 김수희, 2010, 『근대 일본어민의 한국진출과 어업경영』, 경인문화사

이에 총독부에서는 1930년 7월 대책 마련을 위한 간담회를 개최하였고, 고다마 히데오(兒玉秀雄) 정무총감은 "정어리 기름의 대폭락은 정어리 어업자, 제조업자, 노동자 전체의 사활이 걸린 문제로서 우려하지 않을 수 없으며, 또 모처럼 발전 도중에 있는 이 어업의 장래에 중대한 사태를 야기할 우려가 있음을 인식하여 조선총독부에서도 이의 폭락 원인을 조사하였던 바, 물론 전 세계적인 불황에 따른 물가 하락에 기인하는 것일 테지만, 이 외에도 정어리 기름의 생산과잉 · 방매 · 판매 방법의 불비 등을 들 수 있으니, 이에 중의를 수렴하여 생산제한, 생산의 합리화, 운임의 절감, 판매 방법의 개선 등을 협의하여 난국 타개에 힘쓰겠다"라고 하였다.

1931년 1월, 총독부는 정어리 어업 및 정어리 유비제조업 대책협의회를

개최하여 다음과 같은 사항을 결정하였다.

정어리(鰮) 유비(油肥) 제조업 대책협의회 결정 요항(일부)

1. 생산의 제한

① 제한 생산량

(가) 정어리 기름은 연관 총계 200만 관(罐)

(나) 정어리 착백(搾粕)은 60만 섬을 표준으로 한다.

② 제한 방법

(가) 어업 제한과 (나) 비료 면허제도를 실행하고, 이를 당국에서 처리한다.

(다) 제조량의 제한은 수산조합에서 시행한다.

2. 판매의 통제

① 판매계통은 제조업자 → 수산조합 → 판매조합 → 매수인의 순서를 경유한다.

② 판매조합

(가) 판매조합은 원칙으로 각 도(道) 해(海)에 설립한다.

(나) 판매조합은 익명의 조합으로 한다.

③ 판매 방법

(가) 수산조합의 공동판매는 그 조합원이 제조한 정어리 유비의 전량을 각 도의 판매조합에 위탁하도록 한다.

(나) 판매조합은 위탁제품의 전량을 별도로 정한 가격에 따라 매수인에게 인도한다.

④ 밀매 방지

(가) 본 조합원의 밀매 방지는 수산조합 규약에 따라 이를 실행한다.

(나) 판매조합의 밀매 방지는 계약에 따라 실행한다.

(다) 판매조합원의 밀매 방지는 수산조합의 지정 취소에 따라 실행한다.

3. 자금의 융통

① 사입(仕込) 자금

(가) 총액 71만 원을 수산조합의 기채(起債)로부터 조합원에 융자한다.

(나) 수산조합은 1931년도에 총액 10만 원 이상의 결손보전준비금(缺損補塡準備金)을 적립한다.

② 운전 자금은 판매조합이 이를 융통한다.

4. 본 조합의 사업

① 사입 자금의 대부, ② 양철통(罐) · 다다미(莚) · 어구 등의 공동 구입, ③ 필요할 때에 앞의 비용을 충당하기 위해 별도의 부채를 만들 수 있다.

_ 吉田敬市, 1954, 『朝鮮水産開發史』, 潮水會

결정 사항을 살펴보면, 총독부는 정어리 유비 제조업자들을 강제로 수산조합에 가입시키고 이를 통해 조정 · 통제한다는 것이었다. 또한, 정어리어업 종사자에게 어업자금을 제공하고, 이들이 제조한 제품을 총독부가 지정한 가격으로 판매한다는 것이었다. 1931년부터 1935년까지 실행된 정어리 통제 정책은 조선에서 생산된 어유를 값싼 가격으로 일본 경화유 공장으로 흘러들어가게 함으로써 이들의 생산 설비 증대 및 발전에 바탕이 되었다.

1936년 총독부는 제1차(5개년) 정어리 통제가 만료되자, 같은 해 5월 조선약유비제조업 수산조합연합회를 설립해 다시 통제를 강화하였다. 그러는 한편, 군수공업 개발과 군수물자 확보를 위한 방편으로 어유를 원료로 한 공업화 정책을 계획하였는데, 이에 따라 일본 본토 자본이 조선의 경화유공업으로 유입되었고 조선유지주식회사, 협동유지주식회사 등이 설립되어 조선의 어유를 값싼 가격에 마음껏 사용하였다. 당시 협동유지주식회사가 설립한 삼척공장의 경우 경화유 4만 1천 톤, 지방산 3만 8천 톤, 글리세린 3만 6천 톤, 스테아르·올레산 2천 톤, 세탁비누 4만 5천 톤 등을 생산하였는데, 이는 일본 본토의 경화유공업을 위협할 정도라고 평가되었다.

확장일로를 달려오던 정어리어업은 1940년대에 들어가면서 쇠퇴기를 맞았다. 그 원인 중 하나는 그간 진행되어 온 남획(濫獲)이었고, 또 다른 요인은 전시물자 절약을 위해 정어리 어획 기선의 원료인 중유 사용을 제한했기 때문이다. 이렇듯 조선총독부의 지배 아래 조선의 수산업은 일본 본토의 수요와 식민지 조선 체제 유지를 위한 방향으로 변모되어갔다.

참고문헌

1. 1차 자료

- 國會圖書館 立法調査局,『舊韓末條約 彙纂(中)』, 1964.
- 『朝鮮王朝實錄』.
- 『朝鮮總督府統計年報』, 1909~1942.
- 『朝鮮總督府施政年報』, 1911 · 1912 · 1914.
- 朝鮮總督府,『施政三十年史』, 朝鮮總督府, 1940.
- 『朝鮮總督府官報』.

2. 연속간행물

- 『매일신보』,『동아일보』,『부산일보』,『대한매일신보』,『황성신문』,『조선신문』,『한산신문』,『연합뉴스』,『거제뉴스광장』.

3. 단행본

- 김수희, 2010,『근대 일본어민의 한국진출과 어업경영』, 경인문화사.
- 김호연 외, 2007,『울산 청년운동과 김진수』, 울산대학교 출판부.
- 박정석, 2017,『식민 이주어촌의 흔적과 기억』, 서강대학교출판부.
- 박정숙, 2013,『(대한민국 0.2% 세계 13위의) 어업 이야기』, 선학사.
- 여박동, 2002,『일제의 조선어업지배와 이주어촌 형성』, 보고사.
- 요시다 게이치, 박호원 · 김수희 역, 2019,『조선수산개발사』, 민속원.
- 이근우 역, 2010,『한국수산지 Ⅰ－1』(원제 韓國水産誌), 새미.
- 이근우 역, 2010,『한국수산지 Ⅰ－2』(원제 韓國水産誌), 새미.
- 장수호, 2011,『조선시대 말 일본의 어업침탈사』, 수산경제연구원BOOKS.
- 통영사연구회, 2005,『慶南統營郡案內』(1915년 刊行版), 통영사연구회.
- 岡本信男, 1965,『近代漁業發達史』, 水産社.
- 岡山縣, 1931,『岡山縣水産一班』, 岡山市.

- 吉田敬市, 1954, 『朝鮮水産開發史』, 朝水會.
- 穗積眞六郎, 1968, 『朝鮮水産の發達と日本』, 友邦協會.
- 朝鮮水産組合, 1915, 『朝鮮水産一斑』, 朝鮮水産組合.
- 朝鮮水産會, 1931, 『朝鮮之水産』 133, 朝鮮水産會.

4. 논문

- 강만생, 1986, 「韓末 日本의 濟州어업 침탈과 島民의 대응」, 『濟州島硏究』 3, 제주도연구회.
- 김수희, 2005, 「어업근거지건설계획과 일본인 집단이민」, 『한일관계사연구』 22, 한일관계사학회.
- 김승, 2017, 「일제시기 어시장 현황과 어시장 수산물의 유통」, 『역사와 경계』 105, 부산경남사학회.
- 김예슬, 2020, 「일제시기 통영의 일본인 이주어촌 형성과 조선인 어민의 대응」, 『인문논총』 53, 인문과학연구소.
- 김제정, 2018, 「조선총독부 '土着型' 관료의 사례, 호즈미 신로쿠로(穗積眞六郎)」, 『역사와 실학』 67, 역사실학회.
- 김청열 · 조대훈, 2013, 「어시장의 사적변천과 발전과정에 관한 연구」, 『經營史學』 65, 韓國經營史學會.
- 김태인, 2015, 「1930년대 일제의 정어리 油肥 통제 기구와 한국 정어리 油肥제조업자의 대응」, 충북대학교대학원 석사학위논문.
- 박정석, 2012, 「일제강점기 일본인 이주어촌 방어진에 대한 기억과 그 흔적」, 『민속학연구』 30, 국립민속박물관.
- 송경은, 2013, 『韓國에서의 近代的 漁業權 形成과 法制化』, 서울대학교대학원 박사학위논문.
- 송희선, 2004, 「일본의 어업수탈과정에 대한 고찰: 한반도 남해안을 중심으로」, 한국해양대학교대학원 석사학위논문.
- 신기원 외, 1999, 「일제하의 수산학교 교육에 관한 연구」, 『수산해양교육연구』 19, 한국

수산해양교육학회.

- 심재욱 외, 2017,「일제강점기 동해 어족 자원의 수탈과 활용」,『숭실사학』 38, 숭실사학회.
- 이승민, 2003,「조선후기 대일통교무역의 폐해와 己巳約條(1809)의 체결」, 이화여자대학교대학원 석사학위논문.
- 이영학, 1995,「개항 이후 일제의 어업 침투와 조선 어민의 대응」,『역사와 현실』 18, 한국역사연구회.
- 이영학, 2000,「조선후기 어업에 대한 연구」,『역사와 현실』 35, 한국역사연구회.
- 이영학, 2011,「통감부의 조사사업과 조선침탈」,『역사문화연구』 39, 한국외국어대학교 역사문화연구소.
- 이영학, 2019,「통감부의 어업 이민 장려와 어업법 제정」,『한국학연구』 52, 인하대학교 한국학연구소.
- 이현호, 2008,「일제시기 이주어촌 '방어진'과 지역사회의 동향」,『역사와 세계』 33, 효원사학회.
- 장수호, 2001,「조선왕조 말기에 있어서 일본의 어업침략(1868년~1910년)」,『수산연구』 15, 한국수산경영기술연구원.
- 장수호, 2009,「조선시대 말 일본의 한해(韓海) 입어(入漁) 장려책」,『수산연구』 29, 한국수산경영기술연구원.
- 정청주, 2010,「일제강점기 여수수산학교의 설립과 발전」,『韓國島嶼硏究』 22, 한국도서(섬)학회.

5. 관련 사이트

- 고신문검색 www.bigkinds.or.kr/main.do
- 국가법령정보센터 근대법령 www.law.go.kr/lsSc.do?tabMenuId=tab36&query=
- 국가전자도서관 www.dlibrary.go.kr/JavaClient/jsp/ndli/index.jsp?LOGSTATUS=notok&NLSSOTOKEN=
- 국사편찬위원회 db.history.go.kr

- 문화콘텐츠닷컴 www.culturecontent.kr/main.do
- 부산역사문화대전 busan.grandculture.net/?local=busan
- 우리역사넷 contents.history.go.kr/front
- 한국사데이터베이스 db.history.go.kr
- 한국향토문화전자대전 www.grandculture.net
- 한국해양수산아카이브 marinearchive.pknu.ac.kr/html/main/main.php
- 학술연구정보서비스(RISS) riss.kr/index.do
- 일본국회도서관 www.dl.ndl.go.jp

찾아보기

• ㅈ •

• ㅊ •

• ㅌ •

일제침탈사 바로알기 13

일제의 조선 어업 침탈사

초판 1쇄 인쇄 2021년 3월 24일
초판 1쇄 발행 2021년 3월 31일

지은이 김예슬
펴낸이 이영호
펴낸이 동북아역사재단

등 록 제312-2004-050호(2004년 10월 18일)
주 소 서울시 서대문구 통일로 81 NH농협생명빌딩
전 화 02-2012-6065
팩 스 02-2012-6189
홈페이지 www.nahf.or.kr
제작·인쇄 역사공간

ISBN 978-89-6187-626-1 04910
978-89-6187-482-3 (세트)